工務店ほど素敵な商売はない

奇蹟が重なる65年

株式会社中野工務店相談役
中野栄吉

円窓社

天井板嵌め込み
(厚さ18ミリ)

ベランダ片持ち梁

番匠

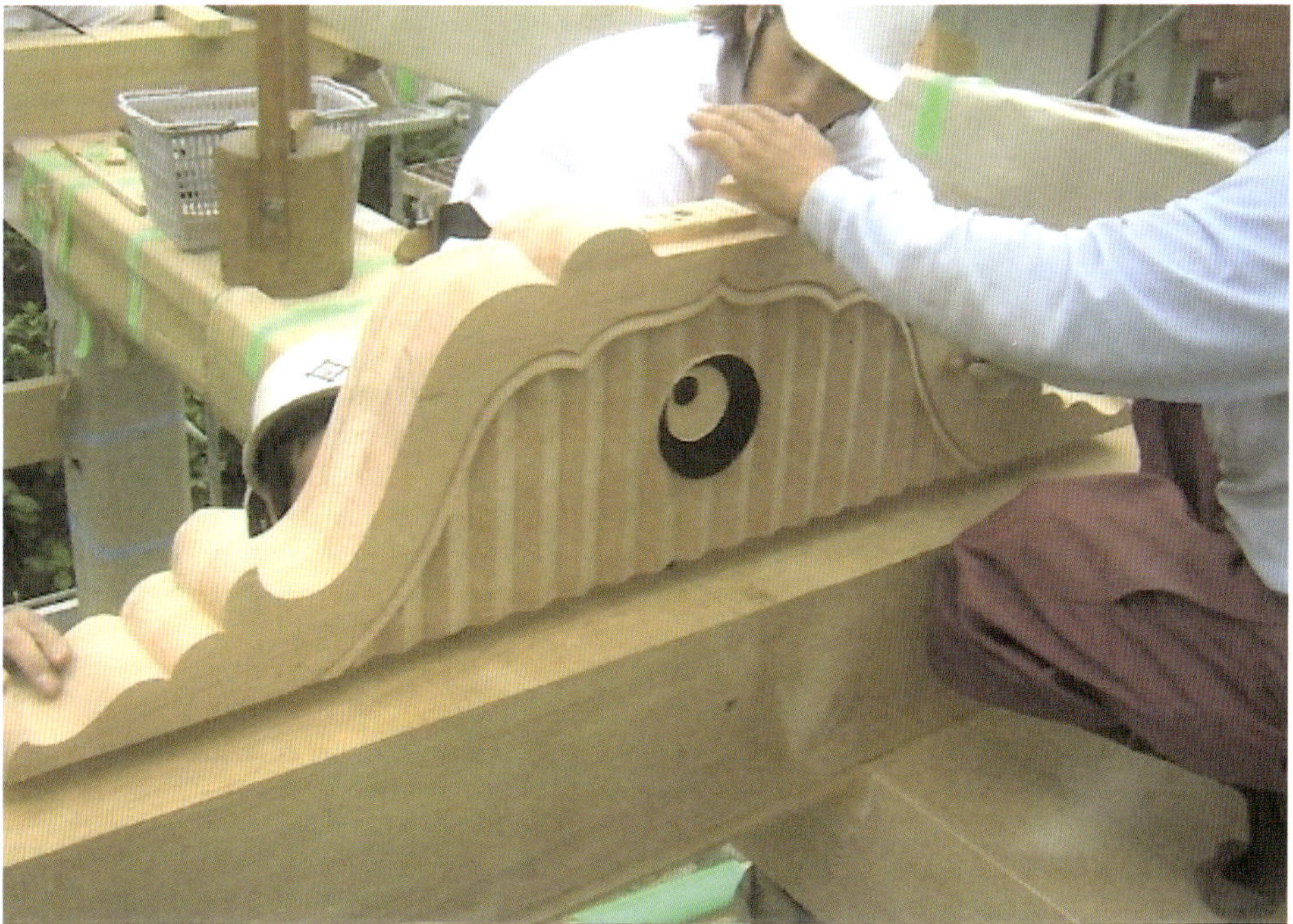

明王山
真言宗豊山派 根本寺

番匠

工務店ほど素敵な商売はない　目次

第6章 木造次世代工務店をつくり出す

第7章 利他愛の実践

序章

美しく家を建てるのが私の仕事

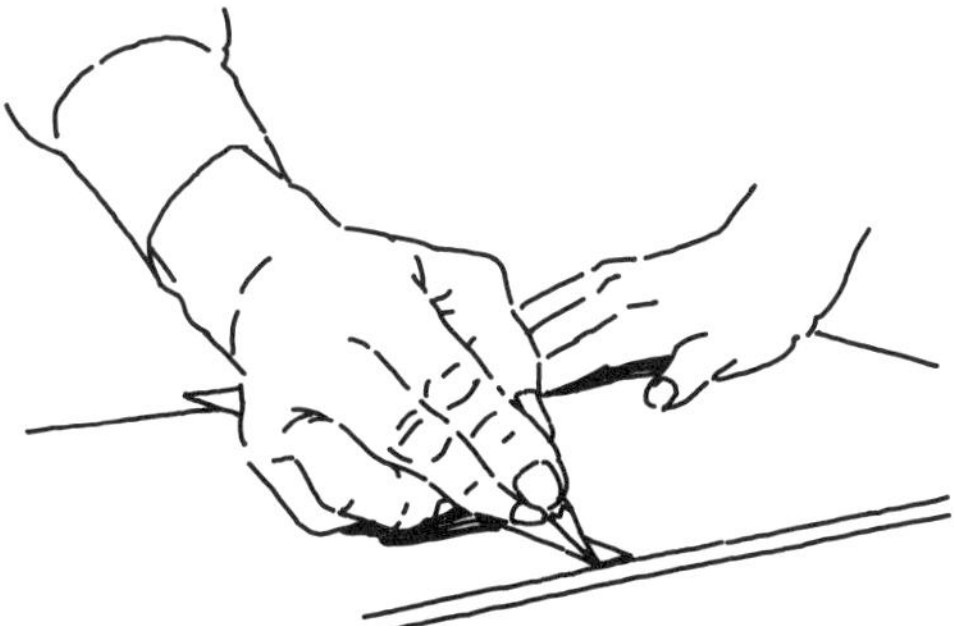

3人の親方

市川市国府台には、明治時代にできた陸軍の師団司令部があり、千葉県佐倉市にある佐倉師団とともに有数の連隊で、全国から徴兵されてきた若者や将校の住宅が増え、市川町全体が「軍都」と呼ばれる陸軍の兵隊の町でした。

この国府台に「建設業林組」と呼ばれていた建設会社があり、主に連隊関係の仕事を行っていました。戦後は千葉県や市川市の公共工事も手掛ける、いわゆるローカルゼネコンと呼ばれる千葉県でも主だった建設業者でした。

その林組の大工名義人（大工工事請負親方）として、中野工務店の近くに佐々木新六という棟梁がおりました。私が最初に弟子入りした親方が体調を崩して廃業することになり、初代親方の友人であった佐々木棟梁が、私の2人目の師匠親方になりました。

当時（昭和25年頃）の、公共工事の学校とか庁舎の建設は、すべてと言ってよいほど木造建築が主流でしたので、私は佐々木親方から、町場大工では教えてもらえない、西洋小屋組み（キングポスト）や合掌小屋振れ隅などの、規矩術《きくじゅつ》を教わることができました。規矩術とは、建築において、指矩《さしがね》やコンパスなどの道具を使って、建築部材の形状を幾何学的に割り出し、材木に墨付けする技術です。

その後に、市川市でも有名な高級料亭「北邑」の出入り大工である菅根丑蔵棟梁に職人として従事し、数寄屋建築を教わりました。

町場大工、野丁場大工、数寄屋大工と、ジャンルの違う3人の親方につき、それぞれ奥義を極めることはできませんでしたが、一般住宅、茶室などの数寄屋建築、学校などの大型木造建築などを経験できたことは、建築工務店を経営する上で大きな資産となりました。

13歳の私は大工という職業が分からなかった

昭和15（1940）年、私が7歳のときに父親が亡くなりました。続けて、それまであった母きくの実家からの仕送りもなくなると、母ひとりの働きでは、私を国民学校高等科2年の義務教育を続けさせることが物理的に無理となりました。そのため、私ひとり分の食費を自分で稼ぎ出すしか方策はなくなったのです。今なら困窮所帯の援助資金が市から出ますが、その頃は自分のことは自分で解決するのが当たり前の時代でした。

国民学校初等科を卒業し、高等科1年の12月に退学して、自分の食い扶持だけでも自分で稼ぐということは、少しでも早く一人前の職人になり、親子ともどもまともな生活ができるようにという母の決断でした。

それまでは、義務教育を終えたら軍需工場で工員になり、徴兵検査を受けて入営して、お国のために尽くすというのが、学校で受けた教育でした。ですから、大人になったら、どんな職業を選ぶかなどということは考えもしませんでしたし、また自分たちもそれ以上のことは考えられませんでした。

そのためか、途中で退学することも苦にならず、大工見習いになり現場で働くことが楽しくなりました。生まれてから新築住宅など住んだことのない私にとっては、住宅新築現場で働けることは、喜びの毎日でした。

地元市川小学校の教区内にある、戦争中工事中止になっていた郵便局本局の工事が再開になりそこの現場で働いていたら、中学校に進学した同級生が私を見つけて駆け寄ってきました。そして「栄ちゃん、今日は学校休みなの？　何しているの」と聞かれ、返事に困りました。それからは同級生に会わないように道路を外し、遠回りして江戸川の土手伝いに帰宅したことが思い出されます。

平成、令和に育った若者は、将来、自分の職業を選ぶのに、医師とか弁護士などに代表されるスペシャリストを目指す人も少なくありません。しかし、大半の人は自分の能力にあった理系か、文系かの大学を選び、自営するか、就職できた会社のサラリーマンになるのが定番です。私は家の事情から13歳で学校を辞めて、昔風にいう「大工徒弟奉公」に就きました。

大工という職業を自分で選んだわけではない私としては、そのうち夜学の高校にでも行って、工員でも会社員にでもなって普通の勤め人になろうと思っていました。

しかし、現場に出て大工手元に携わってみると、大工仕事が好きになり、将来、大工を職業にしなくとも、プロの職人として技術だけはマスターしておこう、という気が起きてきました。そして5年の年季奉公が明けたら、なにか自分に合った仕事を探せば良いという考えに変わり、当面は大工技術の習得に励みました。

大工の技能は時代で変わる

当時、大工職人になるには、5年間の年季奉公を終え、2年間のお礼奉公を済ませるということが不文律となっていました。

大工技能取得には大きく分けて、道具拵《しつら》え、造作材下拵え、軸組躯体墨付け（規矩術）、造作材取り付けの4分野があり、職人として手間賃をもらうには、これらをすべて習得できなければプロにはなれませんでした。

その中でも、大工の腕前の良し悪しを決める元となるのは道具拵えですが、道具の中でも鉋《かんな》拵えが重要でした。仕上げ鉋が完璧でなければ、綺麗な造作は仕上がりません。昨今、60センチ幅の超仕上げ鉋盤が登場し、長押し、鴨居などの木材も、工務店の加工場でデジタル加工機を使って仕上げられるようになりました。従って、現在の大工育成現場から「道具拵え習得」の科目が消えました。

大工職人の腕の良し悪しを決める道具拵えですが、昭和30年代後半からの電動工具の出現で、大工作業が大きく変わりました。現在ではデジタル化した新しい電動工具をいかに使いこなすかが、大工の腕の見せどころとなりました。

昔の工事現場では、材木を削る削り台を設け、大工が手道具を使って造作材を加工していましたが、現在の工務店は造作材の加工工場を持ち、デジタル制御の汎用機を使って、加工専門の木工職人が下拵えを受け持っています。木工機械の進歩に従って、専門のオペレーターが育ち、現在はプレカット同様、造作材の加工も下拵え大工の仕事になりました。


大工育成についても、手道具を使った材の切断など、電動丸鋸を使う切断に変わり、電動丸鋸を安全に使いこなすトレーニングになりました。白木づくりの和室造作は、大工の手鉋仕上げでなければという人もいますが、超仕上げ鉋盤で仕上げた秋田杉長押などは、手鉋で仕上げたものに比べていささかの遜色もありません。

これから生き残れる工務店大工を考えると、プレカット工場を含めて、造作材加工工場を工務店が作り、良材を選び、流通経費を圧縮化して、木造住宅のコストダウンを図ることが望まれます。

工務店と事業持続

昭和30年代後半になり、月賦払いの住宅会社が登場してきました。日本電建、殖産住宅相互、太平住宅の大手3社は、国の住宅金融公庫も、また銀行、信用金庫、信用組合などが、未だ住宅金融を始めていなかった時代にあって、爆発的に成長しました。当時は、プレハブ住宅も2×4（ツーバイフォー）住宅も登場する前のことです。

昭和34（1959）年、私は中野工務店を設立して、数年は地縁・血縁の工事に恵まれていましたが、社員とか大工職人が増えてくると、もし仕事がなくなり職人を遊ばせるようになったらどう対処すべきか迷うようになりました。

昭和45（1970）年5月のこと、読売新聞の2段12行の広告に「殖産住宅施工業者募集」を見つけました。何とか仕事を確保したいとの思いから、東京銀座にある殖産住宅本社を訪ねました。そこで千葉支店の施工店として採用されることが決まりました。

このことを現在考えてみると、中野工務店がただの工務店で終わるか、ある程度名の知れた中堅の工務店で存続できるかの、創業以来の最初の分岐点でした。

当時は、いわゆる戦後の高度成長期の始まりで、マイホーム時代のバスに乗り遅れるなと、官民挙げて大騒ぎしていました。このころから、仕事を取るより請けた仕事をいかに仕上げるかの時代になり、工務店社長の仕事は、いかにして大工職人を確保するかが全てになりました。

私も毎年、農閑期の東北地方へ出稼ぎ大工を勧誘に出かけることが、年中行事のひとつになりました。その甲斐あって、数年間にわたって、冬場になると毎年10名程度の大工職人に東北地方から働きに来てもらえるようになりました。

当時の殖産住宅は、東北を除く、関東から九州までの太平洋ベルト地帯に３００数社の支店を設け、昭和42（１９６７）年の木造住宅完工数は３４００戸で、個人住宅戸数としては日本一の完工戸数でした。

中野工務店は、殖産住宅の施工店になれたために、年間完成工事高では他の工務店と比べても、同業工務店の平均工事高を超える成績を上げることができました。

そのために、地元の自治会長の推薦などがあり、市川市の公共工事指名業者になることができて学校建築などを受注できるようになりましたが、殖産住宅下請けの工事実績が、完成工事高に加算されたために、指名業者の資格がかろうじて取れた、という経緯があります。

粋な手拭い袂に入れたが

私が大工見習い期間を終えて、一人前の手間賃がもらえるようになった昭和26（１９５１）年正月、市内の染物店に行き手拭い１００本を染めてもらいました。型紙の下絵を自分で考え、折鶴を杉板で編んだ網代模様の下地に、紺と薄鼠色に染め分けて、「建築業中野栄吉」と楷書体で染めた粋な手拭いでした。

正月２日、自転車に乗り、大工になって仕事を頼まれた得意先を新年のあいさつに回りました。今考えると、正月早々に訪問されたお客にとっては煩わしかっただろうな、と深く反省しています。そのとき、私は数え年で20歳になったかならないかの齢でしたが、自転車を漕ぎながらお得意先回りをした当時の、希望で高ぶった気持ちが今でも懐かしく、忘れることができません。

その後、昭和34（１９５９）年６月に私は「株式会社中野工務店」を設立登記しました。当初は棟梁型工務店にこだわって、「番匠工務店」と名付けようかとも思いましたが、大手ゼネコンの竹中工務店、高級住宅専門の水澤工務店にあやかって、素直に「中野工務店」と名付けたのです。

私が最初に師事した棟梁は、千葉県外房州・大原市の出身でした。言い伝えによると昔、いつ頃かは調べていませんが、紀州和歌山からの漁師が時化《しけ》に遭い、数隻の漁船が外房州に漂着しました。気候温暖で、和歌山に似た海岸を「白浜」とか「勝浦」と名付けて定住したそうです。上総房州が気に入り、和歌山からは漁師に交じって大工などの職人も移住してきたとのことです。

江戸時代から外房は大工など職人の多いところでした。半農・半漁の土地で、大工などを継承してきましたが、古くは江戸時代から昭和に至るまで、次男・三男の職人はほとんど東京へ出て仕事をしました。

私が、最初に就いた親方の親戚の家に仕事に行ったときのことですが、私に向かって、その家の人が「番匠《ばんじょう》さん、お茶にしてください」と声をかけてくれました。後で親方に聞いたら、「房州では大工のことを、番匠さんと呼ぶのだ」と教えてもらいました。関東でも明治時代、「宮大工」という呼び名ができる前は、「寺社番匠」と関西風に呼ばれていたことを知りました。

後に大工養成塾を設立したときには、ネーミングとしてこの番匠を借用し、「木工技能育英会番匠塾」と名付けました。また、現場実習チームを「番匠工房グループ」と呼びました。

棟梁型工務店として

昭和も終わり、平成に元号が変わると、「一億総不動産業時代」と揶揄されていたバブル時代も終焉を迎えましたが、住宅ブームはまだ続いていました。そんな中で、平成2（1990）年に、市川市中央公民館を4億8000万円で受注しました。

やっと工期に間に合わせ市に引き渡しができましたが、受注金額の一割近くの工事赤字を出してしまいました。

この時にはじめて、中野工務店には専門下請け業者、技術社員が育っていないことが分かりました。同時に、わが社には他の工務店に負けない、優秀な大工職人がいることにも気付きました。

そこで、中野工務店大工育成所「番匠塾」を卒業した大工も加え、20数名の大工がいる工務店として、中堅の木造住宅工務店となりました。

この大工たちを生かして、棟梁型工務店としてレベルの高い木造住宅に的を絞り、一から出直すことを、わが社の理想像としました。そのために、大手住宅メーカーの下請けはやめる決断をしました。また、千葉県及び市川市に「工事指名辞退届」を提出しました。

何度かの前線復帰

平成3（1991）年4月、長男・智之が情報処理の会社を辞めて中野工務店に専務として入社しました。専務は、会社組織の刷新が当面の課題であるとして、今まであいまいであった仕事の分担を整理し、責任の分担を明確にして、実績の数値化を図りました。

そのために、社員のリクルートに力を注ぎました。そのことが古手の社員には受け入れられず、数名の社員が辞職していきました。また、人材派遣会社からパソコンの使える若手の女子社員を雇用し、ホームページの作成に力を注ぎました。

私は、大工から工務店を自営したために、人に使われたことがなく、サラリーマンの気持ちなど分かりませんでしたが、専務は自分の体験を生かして、従業員の待遇改善に尽くし、私の驚くような賞与を支給しました。中野工務店の現場員は施工図をきちんと描いてくれて、弊社の大工は良い仕事をするという評判が設計事務所に広まり、完工高の40％が設計事務所からの仕事になりました。

平成7（1995）年4月、株式会社水澤工務店に現場員として、8年間お世話になっていた次男の光郎が入社しました。

その後、平成26（2014）年6月には、中野工務店創立55周年記念感謝の集いを、幕張のホテルスプリングスで開催しました。この席において、中野智之が会長になり、中野光郎が3代目の社長の就任を発表しました。私は、取締役相談役となり、現在でも午後は会社に出ております。

中野工務店創立以来、社長である私がワンマン経営を続け、「おれが、おれが」の経営で、人を育てられない会社にしてしまったことを深く反省しています。光郎社長を中心に、専務、常務、幹部たちのファミリー工務店として、社会に貢献できる会社として存続できることが、今の私の願いです。

妻の絶品春巻き

それと同時に、私の住まいの庭を50坪ほど分筆し、娘の家「青木邸」も建てました。この青木邸も私の設計で、木造軸組みの継手コネクターに、（財）日本住宅・木材技術センターから認定を受けたSマーク金物を使用しました。

また、野地パネルとか、外壁パネルには構造用合板を使い、筋かいを省きました。さらにパッシブソーラーシステムのOMソーラーも設置し、現在でも各種データ集めに使っています。

子どもたちの家と親の家について、「スープの冷めない距離がベターだ」とよく言われますが、私の長女の家とは30メートルくらいの距離なので、食事なども一緒に作ることが多々あります。

私は、福島常磐出身の家内と昭和34（1959）年に結婚しましたが、結婚して数カ月経った頃、大工職人の若い衆を3名、住み込みで雇うことになりました。

そこで、家内は賄《まかな》いをすることになり忙しい日々を送っていましたが、暇を見つけては近所にあった中華料理店の料理教室に通い、ラーメンとか、海老とか鶏肉を油揚げに詰めた袋詰めなどを作っていました。

家内の作る料理で、娘家族や近所の親しい人たちから美味しいと絶賛される料理に、中華料理の春巻きがあります。

私も、お世辞抜きで東京の名だたる中華飯店でも、横浜の中華街でも、家内の作る春巻き以上の美味しい春巻きに出会ったことはありません。

毎年、正月元旦に油揚げの大袋に海老とか鶏肉とかの具を詰め込む袋詰めと並んで、肉団子とか春巻きなど、家内の料理がわが家のおせち料理でした。

棟梁型工務店の振舞い

昭和12（1937）年5月生まれの家内は、今年87歳になり、足腰がだいぶ弱くなってきましたが、それでも前日にスーパーに買出しに行き、当日は朝から半日かかって、春巻き50本を作り、青木家を始め社長の次男家族に配りました。家内は「疲れるので、もう春巻き作りは止めたい」とこぼしますが、あくる日、孫たちから喜びのメールが届くと、それを嬉しそうに見ている姿を見て、中野工務店の「番匠五訓」にある、「顧客が喜び満足する仕事をする」を思い出しました。

昔から、大工工務店の家づくりで躯体の建て方が終了した時は、社寺建築に習い、上棟式が行われ、施主は建物の土台に、清めの塩と米をお供えして、乾杯をする習わしがありました。現在でも、この祭事を踏襲する施主は少なくありません。その時は、施主から祝儀袋が職人全員に配られました。さらに、住まいの完成引き渡し式には、社長と担当者にご祝儀をいただくこともあります。

平成20（２００８）年に、当社の「長期優良住宅　先導モデル」を見て、番匠型住宅を市川に建築された、京都に長くお住まいだった年配のご夫婦が、番匠型住宅を大変気に入られて、当時、中野工務店の会長だった私に、記念品に添えてご祝儀をいただきましたが、その額があまりにも高額だったので、返礼品に苦慮した覚えがあります。

家づくりにとって何よりの喜びは、施主に満足してもらえる住宅をお引渡しできた時です。施主の子どもたちから、「大工さんありがとう」と、クレヨンのスケッチ画を添えた手紙を送られたことがあります。その手紙を掲示板に張り出し、社員共々喜びに浸っております。

利他愛の実践を通して、お客が喜ぶ姿を見て、自分も喜べる幸せを受けるという「善の循環」こそ、中野工務店が仕事に恵まれる原点に間違いありません。

今まで地域工務店の独壇場と言っても過言でなかった住宅建設が、不動産系ビルダー、大手住宅メーカー、２×４メーカーなどと地域工務店の、棲み分け市場となってしまいました。

その中にあって、中堅の工務店は不動産系ビルダーを見習って、商社型ビルダーに変身するものが多く出てきました。残された旧態依然の棟梁型工務店は、新築住宅の注文が取れず、リモルディングとか営繕工事で息をつないでいるというのが実情です。

日本の伝統的住宅文化を後世に伝承するためにも、優秀な職人を育て災害に強い安全な住宅を造り、持ち家をリース住宅として、何代も資産として継承できる「超長期優良住宅」の建設こそが、棟梁型工務店ならではの家づくりだと思います。

分譲住宅花盛りの住宅業界ですが、大量生産・大量販売の呪縛から逃れ、子孫代々、資産として継承できる家づくりに舵を切るべきだと思います。

変質する工務店

昭和から平成に替わると、家づくりの様相が一変し、地域工務店の仕事から、不動産系ビルダーのビジネスが主流になり、大工工務店の多くは、それらの下請けに甘んじることしかなす術がありませんでした。

それでも、中堅の多くの工務店は不動産系ビルダーとして、各地に支店を設け、住宅展示場に出店して活躍しています。

わが社のある市川市は、人口40万を超える中核都市ですが、町を歩いていても至る所に、建て替え中の住宅建築が目につきます。築後20年以上経過した木造アパートは設備が古くなり、空き室が目立つようになったので、一斉に建替えが始まりました。しかし、地元の工務店が建てたアパートでも、建築しているのはほとんど大手住宅メーカーの工業化住宅です。

ここ数年、不動産系ビルダーが、土地付きの中古住宅を購入し、広い敷地の場合はいくつかに分筆して、小住宅を建築していることが目につきます。当然、軒先と軒先のくっつき合った、防災上も考えさせられる建物ばかりですが、数年後はスラム街となるでしょう。切ないことは、これら建て替えの現場に、私たち地域工務店の施工現場が1軒もないことです。

工務店の造る住宅が、不動産系ビルダーの造る住宅に比べて質の落ちるものであり、そのために客離れした結果だとしたら、われわれ工務店も甘んじて受け入れざるを得ませんが、実際は、きちんとした工務店ならば、商社の造る住宅に勝ることはあっても、決して劣るものではないはずです。

「番匠五訓」

「もはや戦後ではない」と言われた昭和30年代から、住宅建築の世界でも住まい手と造り手で、大きな変化が起きてきました。それまでは棟梁の人柄とか、仕事の出来栄えなどから、地元の信用できる棟梁を選んで工事を依頼していました。任された棟梁も、施主の人柄とか、工事費の支払いなど、問題がないかなどを考慮して、請負いました。

人の紹介とか、修繕仕事などで知り合った棟梁に「頼むぜ、棟梁」「まかせろ、旦那」と、阿《あ》吽《うん》の呼吸で請負工事が決まっていました。

このために、施主は信用した工務店に依頼し、工務店も信用できる施主を選んで受注することで、施主に満足してもらえる家ができました。その後も、「家守り」として、維持修繕などにも支障の起きない、業者と施主との関係が持続できていました。

それと、銀行ローンの普及で手付金が減り、完成引き渡し後も、銀行との保存登記終了後の工事金支給が当たり前になったため、下請けや職人に立て替え払いをしなくてはならず、工務店でも運転資金の借り入れが必要となりました。

住宅の建築をする施主は、信用できる好きな工務店を選び、請ける工務店も好きな施主を選ぶ。信用できる施主の仕事を選んだら、誠心誠意良い仕事をするのが私の理想像です。

現在の競争見積り制度で、価格だけで業者を決めても、施主にとって満足のいく家ができるかどうかは、分からないと思います。

そのためには、中野工務店「番匠五訓」を再確認して、社員はじめ大工、専門関連職人が誇りをもって仕事に取り組める工務店として、社会の用を果たしたいと思います。

中野工務店「番匠五訓」

・顧客が喜び満足する仕事をする
・社員、従業員が喜び満足する報酬を支給する
・大工、協力業者が喜び満足する賃金を払う

・会社の必要経費を妥協なく顧客に受け取る
・社会に貢献できる仕事に徹する

中野工務店 65 周年 記念感謝の集い

中野工務店本社と木工場

第１章

「運」の分岐点

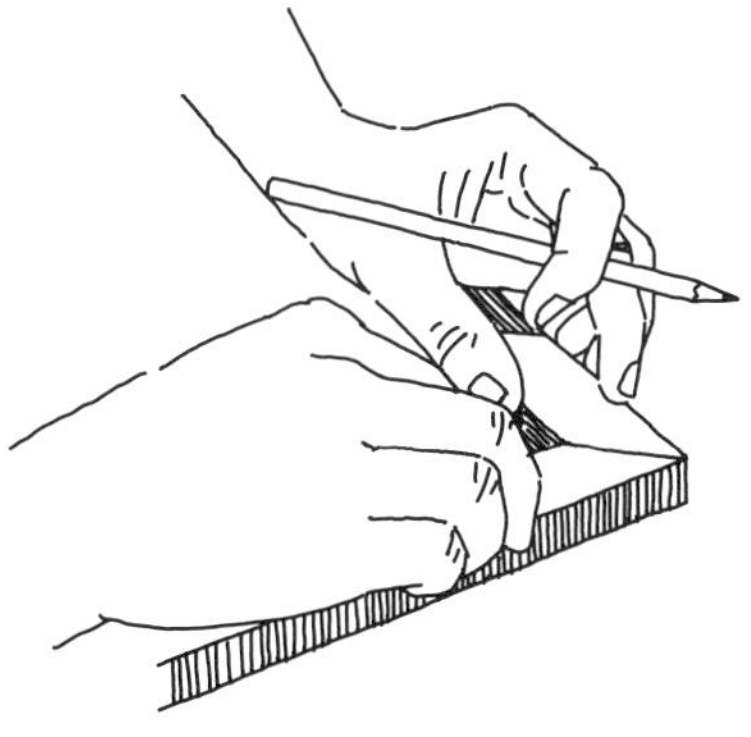

父のこと

父・中野倉造は小学校卒業後、長野から東京に丁稚小僧として上京するのですが、その時の状況がどうだったのかなどの詳細は分かりません。ただ東京時代に父と友人だった加藤さんという方が近くに住んでいて、わが家にもよく訪ねて来てくれていました。

その人から後日に聞いた話ですが、父は東京新宿の大きな呉服店の帳付けをしていたとのことでした。「帳付け」というのは、現在の記帳のことだと思いますが、いわゆる経理事務の係りだったのでしょう。

それがある時、店に不祥事が起こり、父は責任を取らされ、数名の仲間とともに解雇されたとのことでした。加藤さんは、父は「濡れ衣を着せられた」と言っていた、と後年母から聞きました。今となっては、事の真偽は分かりません。母が加藤さんから聞いた話ですが、この大きな呉服店は後の伊勢丹デパートになったということでした。

市川で父が就いた仕事は、ある土建屋の経理でしたが、職が代わって間もなくの昭和4（1929）年、長男8歳、長女4歳、次男2歳の、3人の子を残して、妻・みちに先立たれました。そして満州事変など戦争の空気が漂う昭和6（1931）年、ある人の紹介で3歳になる女の子を連れ子して来た、私の母・きくと再婚しました。そして昭和7（1932）年11月23日、新嘗祭の日に私、栄吉が誕生したのです。

3歳くらいまで育った家は貸家で、庭付きの一軒家でした。その後、近くの三軒長屋の端の6畳と10畳と台所の付いた、古い貸家に移っていました。勤めていた父の仕事が上手くいかなかったのだと思います。

その頃の父は土木現場の監督などもしていて、家の近くに現場のある時は、昼食を食べによく家に帰ってきました。ちょうどその頃、私が近所の子どもたちとメンコ遊びをしていた時のことです。腰バンドの金具が壊れ片手でズボンを押さえながら、片手でメンコを打っていた私の姿を見た父は、家の中にいた母を声を荒げて叱ったのです。なんで母が父から怒鳴られたのか、当時の私には分かりませんでした。

昭和11（1936）年の冬、父が現場から帰ってきて、「夕食前の一服」と長火鉢の前に座り、煙管に刻みたばこを詰めていて、ぽとりと煙管を火鉢の中に落としました。当時は救急車などはなく、しばらく経って医者が来てくれましたが、脳出血でした。

現在なら助かった病気だと思いますが、父は入院することもできず半身不随になり、5年間、自宅で療養しましたが、昭和15年7月に息を引き取りました。父が55歳、私が8歳の時でした。

私が物心ついた3歳くらいから、父が亡くなる小学校2年くらいまでの期間、父と会話をした記憶はありません。しかし、私が小学校2年生の頃、父との短い会話が、父と話した最後の言葉となりました。

人の一生は、「生老病死」とよく言われますが、私の父も中気を患い、知的・精神的機能を失って、元に戻らない状態になっていました。それでも父は床から這い出して、1人で便所に行き用を足していました。

小学2年生になった私に、学校から支給された教材に木製の硬貨とか、紙幣の模型セットがありました。ある時、父はその木製の10銭貨幣を手にもって「栄、えい！」と私を呼びました。半ボケでも、子どもの名前は忘れていなくて、「まんじゅう、まんじゅう」と言いながらおもちゃの10円玉を私に渡そうとしました。私は笑いながら「お父ちゃんのバカ、これはオモチャで使えないよ」と父を諌《いさ》めました。

知的機能を失っても、食欲はあったのでしょう。夕刻、仕事から帰宅した母にこのことを話したら笑っていました。同時に、寂しそうな、悲しそうなその時の母の顔が思い出されます。

普通の親子ではありえない、唯一の会話だったので、私の人生の中では希少価値があり、80年以上も前の会話が、私の脳裡からなぜか消えないのです。

名前の由来

私の名前は、正しくは「榮吉」と書きます。明治や大正時代なら、何吉、何助といった名前が多かったと思います。しかし昭和になると、私の友人などを見ても、みんな近代的な格好良い名前を付けてもらっています。私の名前については、人からよく尋ねられました。最近でも、「商売で大成するように、今年（令和6年）発行される新1万円札に載る、渋沢榮一の〝榮〟を取ってつけたのか」などと、よく言われます。そのような話になると、私はいつも笑って話には乗りませんでした。

東京から市川に転職した父の勤め先は、土木請負業「竹内組」で、社長は竹内榮次郎と言いました。この社長は、貧しい農家の何番目かの子どもに生まれましたが、当時は当たり前だった「間引きをされた子ども」だったとのことでした。

明治時代は、現在のように産児制限が普及していない時代です。当時は、子どもを「制限」する方法として捨て子をして、誰かに育ててもらうか、臼などを赤子にかぶせて、自然に息の止まるのを待つ方法があったそうです。

今なら立派な殺人行為で、新聞やテレビで大騒ぎするところですが、当時の貧困農家では、生きている自分たち家族を守るための必要悪だったのでしょう。

竹内組社長の竹内榮次郎氏も、生まれてすぐ、口に濡れ手拭いを押し込まれ餅つきに使う臼を被せられて、一晩、放置されました。しかし翌朝、臼を取り除くと、乳を欲しがり大声で泣く赤子がいました。嘘のような本当の話なのでしょう。

赤子を産んだ母親が、臼と土間とのあいだに隙間をつくっておいたのでしょう。後年、ある人から聞いた話ですが、赤子を産んだ母親は、臼を被せる前、乳を充分に飲ませ、臼に空気が入るようにして、朝まで生かして助け、「この子は殺しても死なない運のいい子だから」と、赤子を育てるように姑《しゅうとめ》に懇願したそうです。このあたりが話の真相だと思います。

私の父は、殺しても死ななかった社長の榮次郎の〝榮〟をもらい、健康で健やかに育つようにと、私に「榮吉」の名を付けた。そう母から聞きました。何か作り話めいていますが、私は本当の話だと思っています。

戸籍謄本には旧漢字の〝榮〟が書かれており、パスポートとか、印鑑証明などを取る時は旧字を使用しますが、日常的には〝栄〟を使っています。

子どもの頃は、ワ冠の上に火の字がふたつあるので、「屋根（ワかんむり）の上で火事を起こしている名前だ」と、人からよく笑われました。しかし今になってみると、木を燃やして、エネルギーとして炎を掲げた、毅然とした燃ゆるような人生を送ることができた象徴だった、と満足しています。

13歳の選択

私の母・きくは、明治38（1905）年に、千葉県東葛飾群海神村に、父・竹内石五郎、母・つねの長女として生まれました。

母が小学2年生の時、母親のつねが病死しました。父親の石五郎は再婚せず、男手一つで長女きくと、2人の弟、妹の4人の子どもを育てました。家が貧しい農家だったので、小学校を終えると、母は東京に女中奉公に出ました。

その後、大正の何年頃だったかは分かりませんが、母は東京で結婚し、男女2人の母親になりました。しかし結婚はうまくいかず、離婚して海神村の実家に戻ってきました。

そして、昭和5（1930）年に男の子を親戚筋に養子に出し、2歳になる女の子を連れて市川市に住む中野倉造家に後妻として入りました。

当時の中野家は、昭和4年に亡くなった先妻の子である、少学校6年生の男の子と妹弟3人、それに父・倉造を加えた4人家族でしたが、私の母と連れ子の姉を加えた6人の家族の中に、昭和7年11月、私、栄吉が生まれました。

すでに触れましたが、昭和10（1935）年、父・倉造が脳出血で倒れ、その後5年間の自宅療養が続き、昭和15年に亡くなりました。母は、収入のなくなった家計の助けにと、近所の富裕家庭に家政婦として働きに出ました。

ある日、母の使いで食堂に注文していた夕食用のコロッケを、ひと家族分取りに行ったことがあります。その時、店の人がお駄賃だといって、コロッケを1枚紙に包んでくれました。母に見せると「食べていいよ」と言われ、母の働き先の厨房で、初めて食べるコロッケの味を知りました。

その頃は兄、姉たちは住み込みで工員とか女中になって家を出ていましたが、私のすぐ上の姉は近くの縫製工場に働きに出ました。それまで母の実家から、なにがしかの仕送りを得ていましたが、昭和16年に太平洋戦争が始まり、統制経済の時代に入ると、実家の弟の商売もうまく行かなくなり、母の弟からのわが家への仕送りは止められました。

母の妹の嫁ぎ先は、東京の芝で町工場を経営していましたが、東京も空襲が頻繁に起こるようになり、外房の一宮町に工場疎開をしました。そこに私が引き取られ、学校を出してもらえることになりました。私は母や姉と別れて一宮に行かされましたが、昭和20年8月、日本は敗戦し、叔母の工場は閉めることになってしまいました。

今になって考えると、叔母たちは最初から私を小僧として使うつもりだったのでしょう。その時、叔母たちに助けられて、小学校高等科の残り1年間を出してもらっていたとしたら、私は叔母の町工場で働くしかなく、そこの工員で終わる生涯になるところでした。

私を連れ戻しにきた母は怒って、叔母に「薄情者！」と食ってかかりましたが、薄情な叔母のお陰で、今の自分があることを神に感謝するばかりです。

手に職をという母心

母は、懇意にしている友人に相談し、昔から言われている「手に職を付けるのが一番」だということに納得し、私を知り合いの棟梁に弟子入りさせました。

当時13歳の少年には、いいも悪いもなく、ただ親の言いつけに従うことしか術がありません。帆布製の肩掛けカバンに国民学校高等科の教科書を詰め込み、母と満員の外房線に乗って、上総一宮から市川まで、蒸気機関車から出る石炭の煙で顔中煤だらけになりながら帰宅しました。

終戦の翌年、大工の小僧になった私は、親方の弟の大工職人とその子どもの大工見習いに交じって、現場に出ました。最初の現場は、東京江東区の戦災焼け跡に建てる小工場の建設でした。焼け跡にあった焼け残りの柱や焼けトタンなどを使ってバラックを建て、そこで親方と寝泊まりして、朝早くから暗くなるまで働きました。

江東区亀戸の下町には町工場が沢山ありました。この小工場の建築の元請けは、うろ覚えですが日産建設だったという、かすかな記憶があります。

千葉県には山林が多くあり「山武杉」などが有名ですが、小さい製材所も多くあり、木材は調達が容易でした、ただし、屋根材は焼け残りの波型鋼板などでした。釘も錆びた古釘だったことを覚えています。古ガラスを使った木製の建具でした。セメントなども統制品で流通品はなく、いわゆる闇商品が流通していましたが、工場の建設などには特別に配給されました。

当時の建築許認可は内務省管轄の各地の警察署であり、木材、釘などの保有証明書を付けて建築許可申請を出しました。まだ建築基準法は施行されていなくて、旧建築物法により警察署で認可を受けていたのです。

母の「信」の核

大正時代の初期、滋賀県甲賀から千葉県東葛飾郡海神村に、新興宗教「天理教」の布教所ができました。海神村（現・船橋市海神町）は、母の生まれた土地でした。母は、実兄の足の病気を神様に治してもらいたくて入信した、と言っていました。母は中野家に嫁いで来てからも、熱心に信仰に励み、貧しい中からもできるだけの献金をしていました。

そして、母の口癖は「うち（中野家）の家系はきっと先祖の悪因縁を受け継いでいるのだよ。だから今、一生懸命努力して徳を積み、その因縁を切らなければならないのだよ」というものでした。そして、自分のことを「亭主運が悪い」と言うのも口癖でした。

シンガーソングライターのさだまさしの曲に「無縁坂」というのがあります。その歌詞の一節に、「運がいいとか　悪いとか　人は時々口にするけど　そういうことって確かにあると　あなたを見ていてそう思う」とあります。私も母を見ていて、人間の運不運を考えてしまいます。

母がよく口にする、自分は亭主運が悪いという言葉も、宗教でいう「因縁の現れだ」ということを母は信じていたようです。

母は、最初の結婚に失敗し、連れ子をして再婚した相手も死亡し、財産もない家で子どもたち3人を育てなければならないという、文字通り不運の中を生きていく道しかなかったのです。

その母には、中野家の悪因縁は、神様への信仰で必ず消してもらえるという、強い信念がありました。

仏教の教えに、「因果応報」という言葉があります。これは自分の過去世や、先祖の積んだ悪因は悪果となり、善因は善果となるという教えです。

母の信仰は、中野家の悪因縁徐滅だけを神様に縋《すが》る信仰でした。新興宗教を軽蔑する多くの人たちの言う、「現世利益だけを祈る信仰」ではありませんでした。教会から頼まれた修繕工事とか、教会の周年行事仮設場の建設なども、神様への労働奉仕として寄付するようにしていました。

ある年の冬、大雪が降り、母の通う教会の廊下の庇《ひさし》が破損してしまったので、母から修理を頼まれました。

私は現場を早めに切り上げて、夜なべ仕事で修理しました。修繕工事が終わり、材料費だけでももらえるのかと思って母に請求書を出すと、母に「日の寄進（勤労奉仕）で頼むよ」と言われ、工事費全部を寄付させられたことを思い出します。そのとき母が、教会長と鼻高々で話し合う姿を見て、母への親孝行が少しできたと、嬉しくなりました。

母はどんな時でも、「自分には倹《つつま》しく他人には奢る」というのが口癖でした。人に喜んでもらうのが大好きで、人が喜ぶのを見て自分も喜べる性格を持っていました。

戦後の食料不足時代には近所の主婦たちと、千葉の農村へ甘藷《さつまいも》などの買い出しによく行っていました。取り締まり中の警官に追われ散々な目に遭いながら、手に入れた甘藷などを、帰り道に知り合いに配って回るので、自分の家に持って帰れたのは、いつも半分くらいに減っていました。

第２章

母の祈りと奇蹟

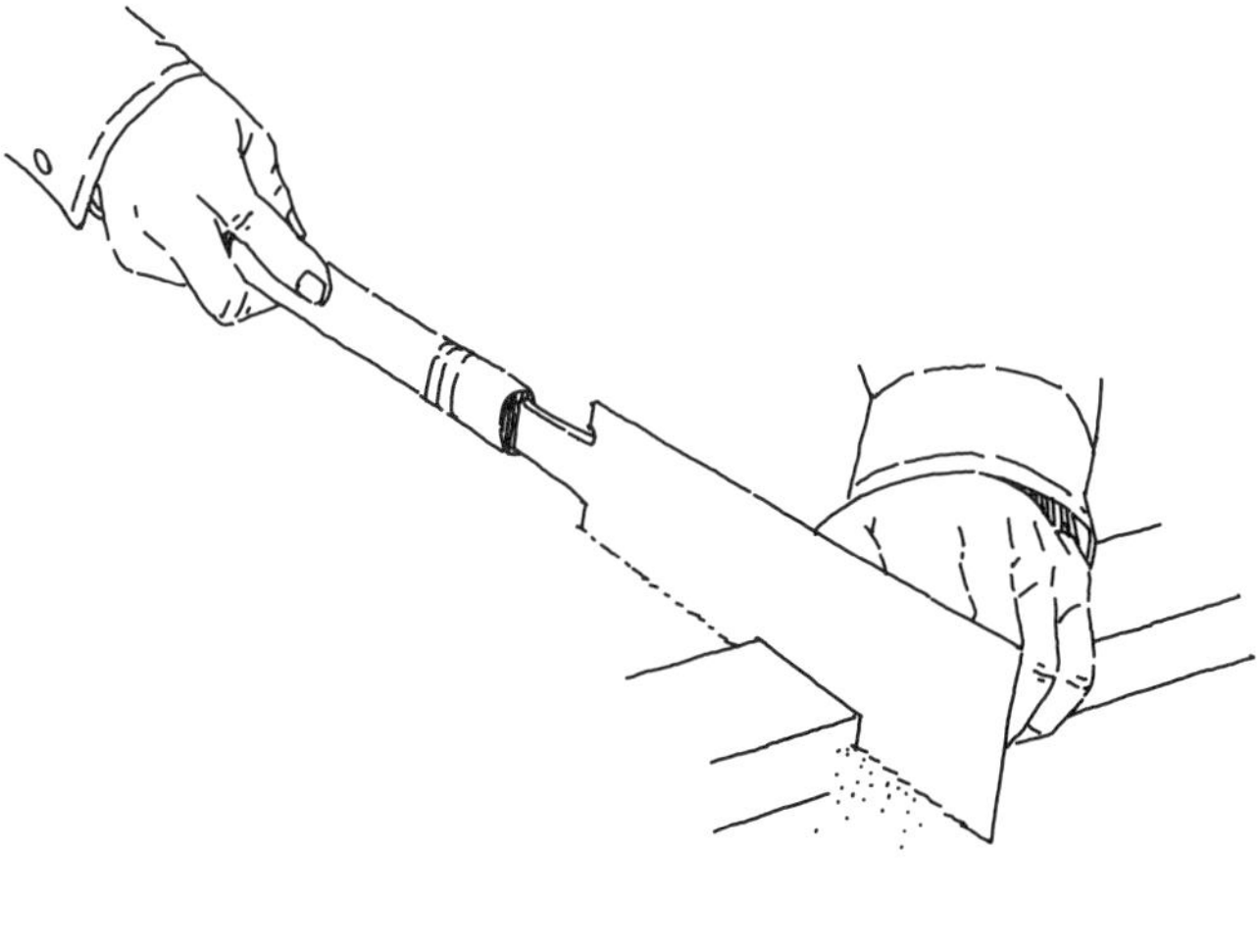

奇蹟が起きた

時は遡り、敗戦の翌年（昭和21年）、私たち家族は住む家がなく、現在住んでいる市川市南にある農家の4坪（13・2㎡）の物置を借りて、私と姉と母、親子3人が住んでいました。農家の物置きで農具をしまう土間に床を張り、藁むしろを敷いた部屋でした。

当時の東京には、焼け跡に防空壕を改造した、住宅とはお世辞にも言えない、雨風を防ぐばかりの仮住まいに暮らす人たちも大勢いたのです。ですから、格別わが家だけがお粗末だったとは思いません。母は貸家を探しに奔走しましたが、見つかっても家賃が高くて払えませんでした。

そこで母は気丈にも、土地を借りて20坪（60・6㎡）でもいいから、バラックを建てようと決心しました。天理教の教えでは、所願成就を祈ることを「心さだめ」と言って、神にお祈りを捧げます。この時、母はどのような心さだめを祈ったかは分かりませんが、母なりの心さだめを誓ったのでしょう。その日暮らしの貧乏人が、土地を借りて家を建てることなど、誰がみても不可能としか言いようのないものでした。

ところが、中野家にとって「第一の奇蹟」が起こりました。思いがけないことに、土地が手に入り、2間×3間の小さな家を建てることができたのです。この時の母の嬉しそうな顔が忘れません。このことは、中野家にとって「晴天の霹靂」とでもいうような大事件でした。わが家の歴史を考えるとき、この出来事は中野家の奇蹟としか、他に表現する言葉が見つかりません。

当時、母は資産家の家庭で家政婦をして働いておりましたが、依頼者からの信用が厚く、皆に重宝されていました。そのために、地主も母に土地を売ってくれたのだと思います。

母が手に入れた土地は、一部の畑と貸家など6棟が建っている、農地整理された260坪（8５８００㎡）の宅地変換された土地でした。

格安で特等地を取得

地主は母の困窮に同情してくれて、大蔵省に財産税として物納した土地を返納してもらい、その時の税額3万円で母に売ってくれたのです。この価格は、戦前の固定資産税の基となる公定地価でした。

JR総武線市川駅から徒歩3分もかからない立地の土地でしたが、当時は道路筋以外はほとんど田圃でした。

昭和23（1948）年当時、大工として私が貰っていた日給は50円くらいでした。それと比較しても、坪115円で土地が買えたことは、いくら大蔵省の査定であっても、神様から中野家にプレゼントしていただいた奇蹟以外の何物でもない、と信じています。土地の半分以上が貸地であったことなどを勘案しても、破格の価格でした。

当時の土地の実勢価格は、坪当たり２０００円はしていたと思います。母は、この３万円をつくるのに、知人や親類をかけまわり、金策に全力を尽くしました。母の知人、縁故者からだけでは足りず、町の金融業者などからも借り入れして、やっと何回かに分けて支払うことができたのです。

貸金業vs母

その後、わが家に貸金業者が何度か督促に来ましたが、その都度、母が必死に言い訳をしている姿を見て、私は早くこの貧乏から抜け出してやるぞ、と自分に言い聞かせていました。

買うことができた２６０坪の土地と言っても、半分くらいの土地には古い貸家が建っていました。ところが、建物の所有者が、地主の私たちに無断で、第三者に建物を売却してしまいました。建物は耐用年数の過ぎた壊れかけた建物でしたが、買い主は庭の空き地を使いたくて、廃屋同然の住宅を借地権付きで、相場よりは高く購入してしまいました。

この住宅の借地人には、家を売る時は第三者には売らず、地主の当方に売ってくれと約束していたのに、口約束だったばかりに、地主に無断で売却してしまったのです。

しかし母は、ここでも毅然と買い主に「立ち退きの裁判」を起こしました。母は知人に紹介してもらった弁護士に依頼し、地主に無断で購入した住宅の立ち退きの裁判を起こしたのです。

しかし、戦時中にできた、「借地借家人保護条例」のため、借地人の権利が強く、この借地借家法は地主側にとって、片務的な契約が強いものでした。そのため、裁判は3年以上もかかり難航しました。また、長引く裁判費用に多額の金が掛かりました。

昭和30年代に入り、やっと取得した土地代金を完済することができましたが、その土地を自分で使えるようにするための費用が、また必要になりました。

ところが、私たちにとって、「神様からの授かりもの」としか考えられない、この土地の取得について、「第二の奇蹟」が起こったのです。

第二の奇蹟

昭和34（1959）年、わが家に地元の市川信用金庫の支店長が訪ねて来ました。そこで現在、裁判を起こしている住居立ち退きについての、市川信用金庫からの相談を受けました。

その相談というのは、母が裁判を起こしている相手のH氏に、信用金庫が貸付金として回収できない50万円を、中野栄吉が肩代わりしてくれないかとの申し出でした。

その資金としてH氏に立ち退き料として払う50万円と併せて、空いた土地に賃貸アパートを建設する資金として、250万円を私に貸してくれるというのです。

その頃はまだ住宅ローンなどはなく、やっと「前積み式割賦販売」の住宅会社が誕生したばかりでした。いくら担保の土地があると言っても、実績のない、26歳の若い大工に300万も貸し出すことは、普通だったら考えられない時代でした。

わずか4年で資金回収

この資金で、空いた土地にワンルームマンション10戸を建設しました。当時はまだ水洗トイレの珍しかった時代でしたが、浄化槽をつくり、水洗トイレ付きの綺麗なアパートです。駅から徒歩3分という便利さで、空き室の出ない収益アパートとなりました。1戸7500円×12カ月の家賃で、年収90万円の収入があり、4年で投資額を回収することができました。ちなみに、その頃の大卒の新入社員の初任給は、1万2000円くらいでした。

毎年、アパート収入が90万円あるということは、信用金庫からの借入金が、300万円あったので、借入利息、税金、雑費などを入れても、3~4年で返済できました。今考えると、この投資は年利20%以上付いたことになります。貧乏神に取りつかれていた中野家が、一陽来復《いちようらいふく》のお札の通り、金で苦労をしないで済むようになりました。

人間の苦難には「貧・病・争」の三大苦難がありますが、これまで中野家は自分たちの過去世からの因縁、先祖の残した因縁に振り回されてきました。その因縁を、職業にも恵まれず、50歳で中気になり、呆けて晩年を送り、55歳で亡くなった父親・中野倉造が、自分の身をもって、中野家の因縁を多少でも消罪消滅してくれたのでしょう。

昭和34（1959）年2月、借地権を全部買取り、260坪全部が自分で使えるようになりました。中野家から貧乏神が逃げ出し、代わりに福禄寿が入ってきたのです。ちょうど暦の寒が明け、節分を迎えましたが、この年の豆まきは一段と声が大きくなりました。

このことを、私が「中野家の奇蹟」と言うと、人に笑われるだけだと思うので、家族にも言ったことはなく、わが家の個人情報なのでためらいましたが、この拙文に初めて書かせていただきました。

泊まり込み仕事逃避行

私の信仰との出合いは、昭和22（1947）年、私が14歳の春のことです。当時、私は国民学校高等科1年（同年4月より新制中学に改編）で中退していましたが、あと2年間、新制中学に通えば、新制中学を卒業することができ、新制高校にも進学することができるはずでした。しかし、家庭の事情で進学を諦め、大工見習いとして働くことになったのです。

最初の現場は、前述したように東京江東区の戦災焼け跡に建てる小さな工場の建設でした。焼け跡に焼け残りの柱や焼けトタンなどを使ってバラックを建て、親方と寝泊まりしました。食事は石油缶を竈《かまど》にし、現場で出た残材を薪にしたのです。米などは手に入らなかったので、配された高粱《コウリャン》などを炊いて主食とし、味噌汁などを作って食べました。渓谷ならぬ戦災焼け跡で、最近ブームになった「キャンプの食事当番」を毎日のようにやらされました。

私の師事していた大工棟梁は、職人を数人抱えたフリーの親方でした。江東区の現場が終わると次の現場は、千葉の建設会社から大工工事を請け負った小学校の改修工事でした。この現場でも、学校の用務員室に泊まり込み、炊事などは私の役目でした。今から75年も前のことで、詳しくは記憶に残っていませんが、親方と職人1人を加えた3人が、雑魚寝した記憶がかすかに残っています。

私が初めて、現場に泊まり込み仕事をした現場は、江東区亀戸でしたので、3日に一度は市川の自宅に下着などの洗濯物を取りに帰り、そこで1泊して、明くる日の早朝に現場に戻るというような生活でした。

しかし、2度目の千葉の現場では、2週間くらいは家に帰れませんでした。それでも最初の2~3日は、自炊することが楽しく、キャンプ生活でもしているような気分で過ごせました。

ある朝、味噌汁の具が切れてしまい、用務員室の窓の下に大根が見事に育っていたので、1本ぐらいなら分からないだろうと、子どもっぽいいたずらっ気が起こりました。そこで、引き抜いた大根の葉っぱの下5センチくらいを切り落として、抜いた大根のあとに被せて放置しました。しかし、悪いことはできないもので、明くる日、葉っぱが枯れて見回りの農家の人に見つかり、親方が頭を下げて何がしかの金を払っていましたが、親方は、私になにも言いませんでした。

仕事が終わり、床に入って家から持ってきた『少年倶楽部』の中の抒情的な小説を読んでいたら、何故か寂しさに襲われてきて、なかなか寝付けなかったことがありました。

14歳春の現場逃走

その頃、市川の家には母と2歳上の姉とが暮らしていました。私は夜、床についても、ホームシックに罹り、無性に母に会いたくなりました。家族と別れて職人と飯場暮らしをするという急激な環境の変化に、14歳の少年が対応することは無理なことでした
現場に入ってから3日目の早朝、用務員室を抜け出し、京成大和田駅から市川真間駅まで電車に乗り、市川まで逃げるように帰りました。その頃は、券売機などまだない時でしたが、窓口でどのようにして乗車券を買ったかなどは、思い出せません。
ポケットにあった小銭で、何とか切符だけは買えました。しかし電車に乗っても、モーターの音が異常に大きく、その音が私の体に圧し掛かるような恐怖に襲われました。
耳を塞いで、やっとの思いで市川真間駅で電車を降りましたが、今度は乗車券が見つからず慌

てました。改札口で駅員に「ごめんなさい、切符を無くしました。これで済みません」と喚《わめ》くようにに言って、着ていた上着を脱いで駅員に押しつけ、駅員の何か騒ぐ声をあとに逃げるようにしてわが家に帰りついたことを、今でも朧《おぼろ》げに覚えています。

突然、帰宅して口も利かずに寝込んだ私に、母は心配して、仕事の疲れがたまり、精神衰弱になったのだと考えたようです。私を町内にある指圧の診療所に連れて行き、指圧療法を受けさせました。その後、その治療を数回受けましたが、その結果、体調も戻り、現場に出られるようになりました。

現場の経験がない私が、家族と別れて職人と寝起きし、現場に出て雑役をさせられるという状況に、今でいうノイローゼに罹ったのだと思います。

この時、指圧の治療をしてくれた指圧師は、年配のご主人と娘さんの3人暮らしの主婦でしたが、指圧療法の傍ら、「天照大御神教神霊会」という神道系の布教所を開いていました。

床の間には、天照大御神の掛け軸が掛かっていて、指圧治療の前に5分くらい、指圧師の「祝詞奏上」に合わせて、私も一緒に合掌をさせられました。

そして、私の合掌した手の震えから、「あなたの守護神は豊受の大神だから」と言われ、豊受の大神の掛け軸を渡されました。そして、「人間は誰でも守護神に守られて生かされているのだから、掛け軸を神棚にお祀りし、お水を上げて、朝は〝今日一日、無事に働けますように〟と祈り、夕は〝今日も無事に過ごさせて頂きました〟と感謝を唱えなさい」と言われました。

新たな信仰・新たな信者

戦前からの、私たちの住む町には、町単位に氏神様と称する神社があり、年末には、伊勢神宮からの天照大御神のお札が各家庭に配られ、それを神棚にお祀りして、しめ縄を取り替えて新年をお迎えするというしきたりがありました。

戦後、宗教の自由が言われ、平成、令和の時代になると、仏壇や神棚を置かない住宅が増えてきました。また、墓地を造らない若い人たちも増えました。しかし、神仏を畏敬崇拝する人たちは、老若男女を問わず少なくありません。私は指圧師に教えられなくとも、神棚に毎朝、手を合わせる習慣がありました。

昭和30（1955）年頃までの、大工たち建築職人の休日は、日曜休日ではなく、毎月1日と15日の2回でした。手間賃も、14日と晦日の2回、支払われました。そして、昔の棟梁の家では、毎月1日と15日には、働いた手間賃を神棚にお供えして、神様に稼げたことを感謝してから遣いました。また、お赤飯を炊いて神棚にお供えし、毎朝お水を供えて職人の息災をお祈りすることが、日課でもありました。そのことが、日常の営みとして身についていました。

神様だけでなく、働いてくれる職人、仕事をくれる顧客、そして森羅万象に感謝する気持ちを、宗教以前の問題として、多くの人たちが共有していました。

後年、ゴルフブームが興り、千葉県の八千代カントリークラブで、友人とゴルフプレーをしていたら、ＯＢボールを出してしまったことがあります。林の中でボール探しをしていたら、私が大工見習いで従事して飯場に泊ったとき、ホームシックで家に逃げ帰ったことのある、千葉市犢橋小学校の体育館が見えました。あまりの懐かしさに、ＯＢボールを探すことを忘れ、しばし立ちすくんでしまいました。

私が大工になってから、実にいろいろな出来事がありましたが、「過去は常に美しい」という言葉があるように、懐かしい思い出ばかりです。

第３章

天職を知る

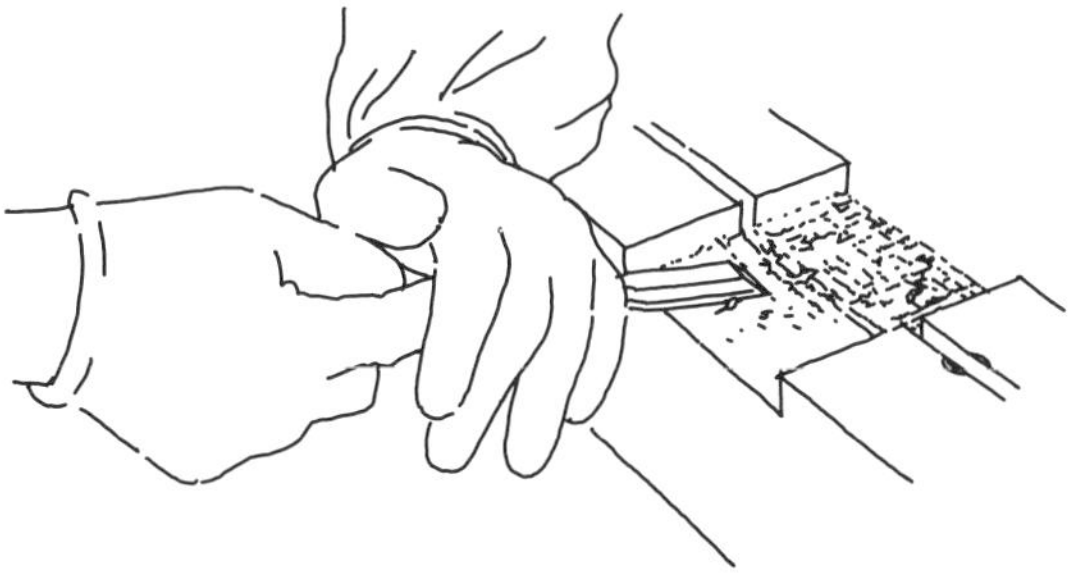

周期表で人生を読み込む

昭和23（1948）年、敗戦から3年が経ち、やっといくらか世の中も落ち着いてきましたが、経済は新円の切り替え、預金封鎖など、まだまだ混沌としていました。

ちょうど、昭和15年に亡くなった父・倉造の墓の墓柱が朽ちてきたので、母は石屋に頼んで墓石を建てました。残っている請求書を見ると、本小松石8寸の柱で、4万8000円でした。月払いの6回払いでしたが、この時も石屋の親方が、わが家に10回以上も集金に来ていました。

今となっては、不本意ながら迷惑をかけてしまい申し訳なく思っています。金がないなら木柱で我慢しておけばよかったのに、母の悪い癖が出て、見栄を張ってしまったのでしょう。

昭和42（1967）年に母・きくが亡くなりましたが、住職がわが家の墓地を、南向きの広い場所に移転するように言ってくれましたので、母の遺骨は新しい墓地に移しました。その時、垣壇などを新しくしましたが、母が苦労して作った墓石を壊すのが忍びなく、広い墓地にそぐわない8寸墓石のままです。

数年前、私の小学校の同級生が、中野家の墓の隣りに立派な墓を建てました。わが家でも私の生きているうちに、墓地の広さに相応しい墓石に改墓しようと思いましたが、家族の反対で止めました。しかし、石材だけは高級墓石の真鶴《まなづる》産本小松石なので、満足しています。

昔の職人のよく言う言葉に「仕事は、早く正確に」というのがありますが、私も親方から「手が遅い」とか「半端職人」とか、よく叱られました。叱られて落ち込んだ時には、現場からの帰りに、中野家の墓地に寄り、亡き母に思いを聞いてもらって、「助けてくれ！」と祈りました。その帰り際に、住職から声をかけられ、お茶をいただきながら、いろいろと話を聞くことができました。

中野家の菩提寺である、真言宗豊山派・明王山根本寺の中村浩晟住職は、戦争が終わり外地から復員後、大正大学に学び、「権大僧正」の僧階をお持ちでした。その後、根本寺第二世住職となりました。そして、姓名判断を研究し、運命鑑定家として檀家の相談に乗っておりました。根本寺は創立２００年を越える、檀家数４５０の名刹です。

昭和45（１９７０）年、私が38歳の時、住職に頼まれて根本寺の責任役員を委嘱され、責任役員の筆頭総代になりました。

ある日、墓参りを済ませた帰路、住職からいつものように、お茶を御馳走になりました。その時、住職の易学の先生が東京府中にいらっしゃるので、私に「会ってみませんか？」と勧めてくれました。

その後、中村住職の案内で府中の東京競馬場正門近くにある本丸康信先生のお宅をお訪ねしました。

仏教哲学者で運命鑑定家の本丸先生は、在家の仏教信者です。気さくな普通のおじさんという感じで、いつもにこにこしていました。中村和尚と共に、3時間近くお話をお聞きしました。

本丸先生は最初に、私の運勢について話してくれました。

「あなたは、多くの人たちの恩恵を受けられる運命を持って生まれてきている。また、先祖の守護霊があなたを守ってくれている。だから晩年になり、これまで歩んできた道を振り返るとき、苦労をした甲斐があってここまで来られたと、喜びの人生が送れますから、努力してください」

そう、私を励ましてくれました。

そして、半紙に筆を使って、運命について次のように要点を書いてくれました。

「人間の性格（遺伝的素質＋理性）が主体となって、環境（自然環境）、人為的社会環境と努力（創意工夫）、つまり性格と環境と努力との三者の相関によって描き出すことのできる、人間の意志や努力によって方向付けの可能な運命の分野もあり、仮にこの分野を人運と称するならば、以上の天運、人運両者の相関総和によって、その人なりに一生涯、描き続けられる運命があると思われる」（本丸康信、昭和45年本丸宅にて）

さらに、こうも付け加えられました。

「宇宙万象の相関現象《かかわりあい》そのものを運命と呼び、極微の世界から無限大の世界に至るまで、森羅万象ことごとく相関現象によって成立しているという、厳然たる事実に人間の運命というものを感じる。よく『人間は生きているのではなくて、生かされているのだ』と教えられますが、それでは人間は誰に生かされているのでしょうか」

そして、天運、人運両者の相関総和によって、その人なりに描き続けられる運命があるとして、私、中野栄吉の「運命周期表」を描いてくれました。

運命周期表とは、1月から12月までの横軸直線に、山と谷の曲線を記入して、山型曲線を5年間、谷型曲線を4年間記入します。このバイオリズムのスタートは、生年月日と姓名から決めるので、私には分かりません。

展開期と転換期

山型曲線の5年間を「展開期」と呼びます。それは事業拡大、設備投資など、攻めの好機とアクセルを最大に踏み込む期間です。また、谷型曲線の4年間は「転換期」と呼び、新期事業の自粛、住宅の建替えなどは中止、社屋の模様替え、会社人事の見直しなどは封印して、もっぱら充電に務める期間である、と教えられました。

人間の生涯は、一種のバイオリズムに乗って動いているものだと、理解することができました。その後、新しく受注する工事とか新規に採用する社員とかの案件は、すべて本丸先生に指導を受けました。

また自分でも、大工になった13歳の頃からの周期表を描いて、80歳頃までは記入してきましたが、現在では記入しておりません。

現在、この拙稿を書くにあたり、ときどきはこの周期表を開くことがありますが、大きな仕事を授かったとき、仕事が大失敗したときなどが、展開期、転換期に載っていることを見て、神の摂理の狂いなさに驚くばかりです。

しかし、この周期理論を参考にして判断する場合は、その都度、本丸先生に指導を受けて実行するようにしてきましたので、大きな間違いはありませんでした。


昭和50（1975）年、本丸先生が老齢でお亡くなりになりましたので、ご指導がいただけなくなりました。それからは、自分の判断ですべてを決めるしかなく、そのためか、展開期に決めたことでも、うまくはいかない事態もありました。

この時になって初めて、当たり前のことですが、人間の運命は、その人の日常の生き方によって変わるものだと分かりました。「人の一生は糾《あざな》える縄のごとし」ということわざがありますが、事を成すのにはリズムを守ることが大切であり、一気に働いたら、次には休息などの充電期間が必要だ、という教えの一つだと理解しています。

朝起き会

「もはや戦後ではない」と言われ始めた昭和32（1957）年、私は25歳になり、昭和29年には「建築業・中野栄吉」の看板を掲げて、増改築とか修繕工事を請負えるようになりました。

この頃、市川に本社のある建設会社からの依頼で、東京港区にあるパン屋の改修工事を任されました。この頃になると親方は付かず、1人で現場を任されるようになっていました。戦後の食糧事情も大分改善され、「コッペパン」と称する食パンが学校給食に登場してきた時代でした。

このパン屋さんは、学校給食の指定工場として盛況を極めていました。ある時、このパン屋のオーナーが改修現場に来て、昼休みに休憩していた私に話しかけてきました。

「大工さんは市川から来ているそうですが、市川はどのへんにお住まいですか」と聞かれましたので、「総武線の市川駅の近くです」と答えますと、「それなら京成の市川真間駅は近いですね」と言われました。

そして、京成市川真間駅近くの、「社団法人倫理研究所・市川実践部」で行っている「新生会朝の集い」を紹介されました。社団法人倫理研究所の創立者である丸山敏雄先生（1893〜1951）は、中学校の校長などを務めた教育者でしたが、人の道教団（後に宗教法人PL教と改名）に入会し、人の道教団副教祖まで務めた方です。

しかし、丸山先生が発表した論文などが、当時の軍部による国家神道に反するとして、宗教法人「人の道教団」とともに告訴されました。

このことを機会に、丸山先生は教団を退団し、戦後、文部省の管轄する社会教育団体として新しい倫理運動をスタートさせました。敗戦の混乱期の、殺伐とした世情を憂え、人の道としての新しい倫理運動を東京で起こしたのです。

丸山先生は昭和21（1946）年、まだ焼け跡の残る東京駅頭に所員と共に立ち、創刊した『家庭と文化』誌を掲げ、「守れば幸福になり、はずればきっと不幸になる」という新しい絶対倫理（暮らし道）を打ち立てることとして、倫理実践による日本の復興を訴えました。

そして、全国各地に「朝の集い」会場を設け、毎朝5時半から1時間、新しい家庭倫理の普及に務めました。私は施主からの熱心な薦めなので「行くだけ行ってみようか」との軽い気持ちで出席しました。

会場には家庭の主婦から商店のオーナー、中小企業の経営者など、年配の人たちと若い人たち、大学生などの混じり合った、30名くらいの集まりでした。宗教ではないので、読経とか祝詞奏上はありませんでしたが、開会した初めに「今日一日、朗らかに安らかに、喜んで進んで働きます」の標語を斉唱し、続いて「万人幸福の栞《しおり》」十七カ条の輪読を行います。

その栞の十七カ条には、その後、縁があって入会した「世界平和を祈る会」などで学んだ、字句は違っても教えの真髄は違わないものが、多くありました。この倫理研究所新世会の創立者丸山敏雄先生は、同会青年部向けの冊子『青春の倫理』に、「青年は宗教を老人の玩具《おもちゃ》と思ってはいけない。若いうちから宗教に出入りし、人として真の道を身につけなければならない」と説いております。

私も母の影響で、天理教教会の月並祭（例祭）などの神楽努《かぐらづと》め（奉納の舞）には、楽師として参加し、紋付袴の正装で大太鼓などを受け持っていました。

私の親しい友人などは、宗教に興味を持つものもいましたが、母は、「天理教青年会もいいけれども、宗教はすぐ因縁とか、お尽くし（献金）とか言うので若い人に嫌われるから、栄吉の入っている新生会の朝起き会に入りなさい。祈りがないだけで教えは一緒だから」と言っていました。

真の信仰者であった母

天理教信者の私の母が、私の友人に天理教青年会でなく、倫理法人会青年部を薦めた話を思い出し、母は本当の信仰者だったと、今になって感心しています。

令和4（2022）年にマスコミで評判になった旧統一教会の、宗教二世の問題など理解に苦しみます。宗教の教えとは、信者である親が子どもたちに押しつけるものではなく、子どもも自主性をもって自分の信念で生きるべきです。それより本当の宗教を知らないマスコミが宗教を論じることが、大問題なのです。

この「朝起き会」は1年中、朝の5時30分から1時間行われ、6時30分には終了でしたので、サラリーマンも学生も、終わってから帰宅して朝食を済ませ出勤する人とか、家庭の主婦などは、4時起きして食事の支度をしてから、自分は朝起き会に参加するという、修業としては過酷とも思える実践でした。

それが実践できたのは、宗教法人ではなく文部省社会教育局管轄の、社団法人倫理研究所市川実践部でしたので、特定の神はお祀りしていなくても、会員はほかの宗教団体の信徒と変わらぬ、熱心な信者の集まりでした。

第二の分岐点・揺らぐ気持ち

朝起き会に参加する人たちは、私と同年代の若者も多く、高校生や大学生も大勢参加していました。

ある時、セミナー終了後、当日巡講してくれた講師・青山一真先生に個人指導を受けることができました。私は、大工になった経緯を説明し、このまま大工を続けるべきか、転職すべきかを相談いたしました。

するとと青山先生は、「人は誰でも生きる権利があるように、義務として誰でも社会に果たすべき役割がある。その役割が職業であり、どんな仕事であれ、人を喜ばせ、社会にとってなくてならない仕事に就けることが、働く者にとって最高の喜びです」と諭されました。

その日は、先生がご自分で著作した『丸山敏雄先生の生涯』の頒布を兼ねた巡講でしたが、その本の鏡表紙に短歌を書いてくれました。そこには「起き伏しの　尊き家の建つ見れば　君の仕事はいよいよ尊し」の短歌に添えて、大工が仕事をしている絵を描いてくださいました。そして、人に喜んでもらえる家づくりこそ、ものづくりとして最高の職業だと励まされ、「中野君には家づくりこそ天職だ」とはっきり言われました。

この時、人間は誰でも義務として社会に果たす役割があるとの教えに、強いカルチャーショックを受けました。そして私が大工になった経緯を考えても、自分の意志でもないのに大工になりながら、独立早々、新築住宅の仕事に恵まれ、職人を雇うまでになれました。

私を助けてくれた縁あった多くの人たちに報いるためにも、社会のためにも、なくてはならない工務店になろう、と決意しました。

倫理法人会に入会できたのも、仕事に行った日本橋の本町製パン大川社長の紹介であり、そのご縁で青山先生のご指導を受けることができました。

この時、初めて「一流の工務店になってやる」という志を新たにしたのでした。

第４章

工務店設立と自己投資

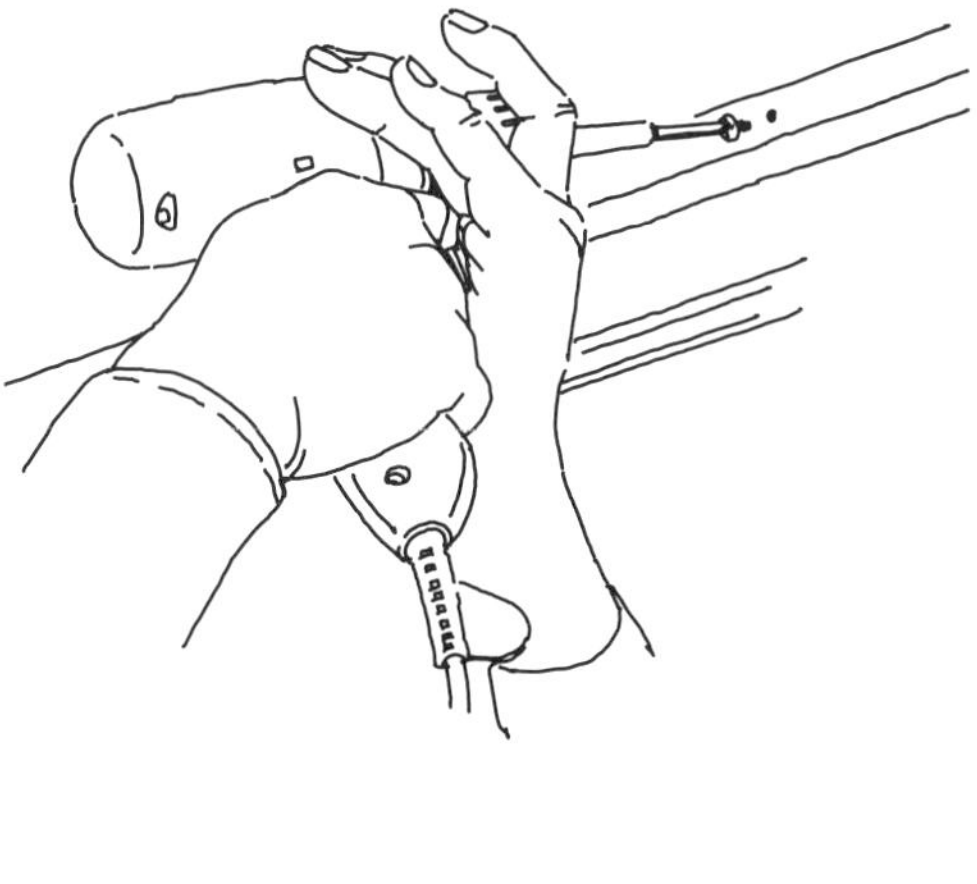

零細工務店が特命を受ける

昭和32（1957）年、弊社が取引きしていた木材店の紹介で、市川駅東通り商店街にある「光司堂カメラ店」の店舗改修工事を依頼されました。

戦後14年経って、日本のカメラもドイツ製に負けない製品ができるようになっていました。昭和25（1950）年に始まった朝鮮戦争で、アメリカの報道カメラマンが使用した日本光学工業のニコンカメラとか、キヤノン株式会社の一眼レフカメラが世界的に有名になっていました。日本経済も朝鮮戦争のお陰で、活況を呈するようになったのです。

この時の店舗改修工事で、店舗正面間口に3メートルほどの空間ができたので、断られるのを覚悟で、その場所を中野工務店に貸してもらえないかと、店主の池澤さんにお願いしたところ、二つ返事で貸してくれることになりました。その上、家賃も相場より安くしてくれて、保証金とか敷金もいらないと言ってくれました。

私と池澤さんとのお付き合いは、1年ほど前から写真の現像、プリントを依頼する程度のお付き合いでしたが、あまりにも親切にしてくれるので、不思議に思っていました。

その後、池澤さんからお聞きした話で事情が納得できました。それは、池澤さんの経営しているカメラ店の近くの、市川市新田町にある「白光真宏会」という宗教法人の教主に、自分の店の一部を中野工務店に貸すことの是非をお伺いしたとのことでした。もちろん、池澤さんは白光真宏会の信者でした。その時、教主は私、中野栄吉について、「この人は大工さんには珍しい、信仰心のある上根の人ですよ」と褒めてくれたそうで、そのことをあとで池澤さんから聞きました。

この宗教法人は、「白光真宏会」と称し、五井昌久先生提唱の「祈りによる世界平和運動」として、全国から会員が市川に集まっていました。

なぜ、実績もない工務店が受注できたのか

その後、市川市新田の教会は狭小になり、同じ市川市国府台の農地を購入し、道場を造ることになりました。会員の中から建設関係の人たちを集め、「教会道場建設委員会」が発足しました。そのメンバーに、事務局長の推挙で中野工務店社長の私が選ばれました。メンバーの顔触れは、設計事務所社員、大手ゼネコン社員などが名を連ねていました。

私は、500名収容の建物施工の経験はなく、ただ委員会に出席するだけで済むものと、軽く考えて委員を承諾したのです。そこで、入札するために業者を選定する話になったところ、事務局長の推挙で、地元の中野工務店に特命で発注しよう、ということに決まってしまいました。

中野工務店が、地元であるということだけで、しかも社員5、6名の零細工務店が、新教会道

場の建設を任されることになったのです。

間口18メートル×奥行き36メートルの畳敷きの道場（祈りの場）が建設されましたが、中野工務店では工事を請け負う力はなく、実費精算方式で、工事費は工事の進捗に合わせ、その都度事務長に請求しました。中野工務店は木造工事の工務店でしたので、躯体の鉄骨工事は分からなかったのですが、建設委員会の大手建設会社社員の委員が、鉄骨業者を世話してくれました。


その当時はなにも考えることはありませんでしたが、あとになってこのような仕事をなぜ中野工務店が特命で受注できたのか、自分でも不思議でした。戦後、極貧の中野家が土地を買い、家を建てた「中野家の奇蹟」の再来に次ぐ、中野工務店の奇蹟だと信じています。

そして平成11（１９９９）年、宗教法人白光真宏会とは別に、財団法人五井平和財団を設立して、西園寺昌美会長、西園寺裕夫理事長の体制で、世界的に活躍しています。また、わが国の財界人有志で「五井会」をつくり、定期的に五井昌久先生の会を開いていました。

母の力に支えられ

私には、母親違いの10歳年上の兄がいました。この兄とは一緒に暮らした記憶はありませんが、私が5、６歳の頃、兄が木片を削りだして作った模型飛行機の塗装の乾燥中に、私が触って壊したことがありました。それを見た兄が文句も言わず、その模型を投げつけたことを覚えています。

現在の私は、腹が立っても物に当たるようなことはありませんが、若い頃は、兄以上に短気だったと認めざるを得ません。遺伝とは恐ろしいものだと思いました。

その兄も、私の叔母の螺子《ねじ》工場で仕事を覚え、東京目黒の町工場に勤めましたが、主人に気に入られ工場長として働いていました。

兄は、昭和30（1955）年、工場の近くの土地を買って住宅を建てました。兄が36歳で私が26歳の時でした。貸家住まいの中野家で、初めて自分の家を建てた兄の家に、自分の家でもないのに嬉しくて、泊まり込みでよく遊びに行きました。

私は「建築業中野栄吉」の看板を掲げ、建築請負業としてスタートし、やっと大工職人になったばかりでしたが、腕の良い職人3名を雇うことができました。

母・中野きくは、船橋市海神で農家の娘として育ちましたので、私の父親が病気で寝たきりになると、近くの休耕田を見つけて、それを地主から借り、米を作っていました。市川にも農家組合があり、田植えとか稲刈りとかの繁忙期には、農家同士で手を出し合い、共に作業をしていました。

戦後になると農地解放が進み、田圃が埋め立てられ、アパートを建てる農家が増えてきました。ハウスメーカーなどがまだ登場していない時期で、アパートを建築するのは、町の大工棟梁でした。大工職人だけでなく、設計とか現場監督を置いた工務店も、昭和30年代にやっと登場してきました。

この頃、母の農家仲間から、大工として独立した私にアパートを建ててもらいたいという注文が、何軒も舞い込みました。実積もない中野栄吉を信用したのではなく、母の信用が買われたのだと思っています。そのため、私は大工棟梁の仲間入りをしてすぐに、請負師になることができたのです。

中野工務店立ち上げ

ちょうど、光司堂カメラ店の池澤賢五さんから、市川駅東通りの商店街に店舗を借りることができたので、「株式会社中野工務店」を設立することにしました。しかし、会社登記するには数人の株主と、資本金を募集することが必要でした。そこで株主は名義だけ借り、会社に留保金ができたら、自社株として会社で買い取るという計画を立てました。

私には、亡き父の先妻の子として兄と姉、それに母の連れ子の姉と3名の兄姉がおりましたので、それに私を加えた4名の親族と、借り店舗の大家さんである池澤賢五さんの5名で株式を持ちました。この時、兄の中野文雄は10万円の現金を持ってきてくれました。また池澤賢五さんは貸店舗の敷金相当額20万円を免除してくれましたが、支払ったことにしてもらいました。池澤さんは「預り金」として処理してくれました。

この架空の敷金から20万円をつくり、兄からの出費金10万円を足して、資本金30万円を銀行に預けて保管証明を出してもらい、昭和34（1959）年6月19日、「株式会社中野工務店」が誕生いたしました。

現在の資本金は3000万円に増資しましたが、実際には兄・中野文雄が出費した10万円で設立した会社です。弊社には土地があるので、最近はM&A会社のダイレクトメールがよく届くようになりました。

中央工学校入学

昭和30（1955）年頃からは、手間取りの常傭大工から、手間請負いの手間請け大工として、親方から直接仕事をもらえるようになりました。

当時の大工職人は、朝7時から夕方6時頃まで働き、昼食と休憩時間は60分くらいの労働環境でした。常傭大工（日給）から請負大工（出来高払い）になり、終業の時間が自由になったので、永年心に止めていた夜学に通うことを決心しました。

ある日、新聞を見ていたら、中央工学校の生徒募集の広告が目に止まりました。昭和32（19

57）年8月、山手線駒込駅を下車し、田端方面に5分ほど歩いて、線路の右沿いの道路から小道を右に入ったところに、中央工学校の看板が見つかり、そこに木造2階建ての校舎がありました。

想像していた学校とは違って、中小企業の事務所といった感じでした。入り口を入るとすぐに事務所のカウンターがあり、事務室には職員が2、3名おりました。その中の年配の方が受付をしてくれて、簡単な質問に答えると、すぐに入学の手続きをしてくれました。

この時、私の入学手続きをしてくれたのは、戦災で焼けた東京神田の校舎をこの駒込に再建した、大森國臣校長でした。

田中角栄校長からの卒業証書

昭和32（1957）年10月、秋季入学生として、憧れていた専門学校建築科夜間部生として入学することができました。あとで知ったのですが、職員室にいたのは事務員として勤務していた、須郷進元校長と大森厚前理事長でした。

大工の私は、市川の現場を午後4時に上がり、家に戻って支度をして総武線に乗り、秋葉原駅で乗り換えて、山手線駒込駅で下車します。通学には1時間ほどかかり、夕方の6時からの授業に出ていました。

当時24歳になっていた私は、中学も終わっていないので、英語の時間には教科書の英文が読めません。先生に指されても読むことができずに困りましたが、隣りの生徒が事情を知っていて、さっと代読してくれたことを思い出します。

その頃は、エアコンなどの設備はまだなく、教室には石炭ストーブが教室の真ん中に置かれていました。そのストーブに石炭の補給をしに来てくれたのは、大森前理事長でした。

この時、一緒に入学した生徒のなかに、明治神宮の造営工事に全国から選ばれた大工が、数名交じっていました。その数名の中に、島根県から来た竹澤要君がいました。私は彼と2人して、休み時間には、明治神宮造営工事のこととか、町の住宅建築の事情などを、大森先生、須郷先生を交えてよく話し合いました。

担任の講師には、建設省とか住宅公団勤務の先生が多く、熱心な生徒の中には休日に講師宅に行って教えを乞う者もおりました。

その後、卒業してからも、同窓会などで大森先生にお会いした時などは、伝統木造建築について興味をお持ちだったので、須郷先生を交えてよく語り合ったことを思い出します

昼間働き、夜間で学ぶ生徒も、昼間勤め、夜教える教師たちも、日本復興のために力を尽くしていた時代の、ものづくり仲間の学舎でした。

それでも、昭和34（1959）年10月、北区公会堂で無事に田中角栄校長（後の総理大臣）から卒業証書をもらうことができました。

引き立て役に背中を押され

その後、中央工学校は生徒増に対応するため、北区王子に土地を求め、駒込から新校舎を移転しました。

新校舎に移ってから数年たった平成16（２００４）年、須郷校長と大和同窓会事務長がわが社に来社して、私に同窓会会長に就任してくれとの依頼を受けました。須郷校長直々に来社してくれたことに感激し、同窓会会長を引き受けました。

同窓会会長の主な仕事は、地方の各支部で開催する年に一度の支部総会に出席することですが、全国に支部が組織されているので、総会時期になると月に数回の地方出張がありました。

私は同窓会会長と評議員を務めさせていただきましたが、評議員の任期が切れた平成８（１９９６）年、理事を委嘱されました。大森理事長と須郷校長は、昭和7年生まれの同い年でしたので、気が合うというのか、日頃話し合うことが多くありました。しかし卒業生の中から、職員でもないのに理事という大役を与えてくれたことが理解できませんでした。

理事会は年に数回開かれましたが、出席する人たちに圧倒されました。その中には、藤井元財務大臣もおられました。学校での中等教育を受けていない私にとっては、経営者としての資質を磨く良い機会となりました。このことも、大森理事長から受けた、私への助縁以外のなにものでもないと感謝しています。

結婚と住込み職人の雇用

昭和34（1959）年、「建築業中野栄吉」から「株式会社中野工務店」に社名が変わってから、自宅を増築して、住み込み職人1名と、見習い大工（小僧）2名を雇いました。戦前は大工に限らず、商店でも見習い店員を雇う場合は、ほとんど寝るところと賄い付きの住み込みが定番でした。

その年に、白光真宏会の横関実理事長の仲人で、同会会員の志賀清視さんの妹、洋子と結婚しました。私が28歳、洋子23歳でした。妻の洋子は、福島県いわき市の納豆製造業を生業としている志賀清視さんのところで働いていましたが、兄の清視さんが五井先生の信者であり、福島から市川の教会へ熱心に通っていたのです。

教会でお見合いをして、その後1回、いわゆるテートですが、船橋ヘルスセンターという温泉付き遊園地に行きました。

見合いしてから2カ月後、仲人の横関さんが見つけてくれた、浅草の松屋デパート7階の式場で結婚式を挙げました。出席者は、仲人夫婦、私の母と兄姉、新婦の母、兄、姉と私の友人3名、そして私に最初の仕事をくれたお客さんなど、総数20名足らずの地味な披露宴でした。

費用がなかったわけではありませんが、中野工務店で事務所を借りている大家さんの池澤さんに結婚式を取り仕切ってもらいました。池澤さんには費用の仮払いとして10万円を預けていましたが、式が終わってから、少しですが残金をもらいました。

仲人の横関さんが披露宴の食事代などを決めてくれたのですが、私のためを思って、廉価なコースを注文したのだと思います。この他に、花嫁衣裳代とか、礼服代とかが掛かりましたが、いくら時代が違うといっても、親の世話にならず自分の金で、それも引き出物を入れても十数万円で結婚式を挙げられたことが、いま思い出しても私の自慢です。

しかし、伊豆、箱根への新婚旅行には、20万円近くの費用が掛かりました。

今ごろ感謝の声を

建築請負業として、職人を使わず自分1人で仕事をしていた時は、仕事がなくなっても、道具拵えなどをして、遊ぶことはありませんでしたが、何人か職人を抱えるようになると、明日やる仕事が切れたらどうしよう、と不安が湧いてきます。

そんな不安をなくそうと、当時、登場してきたプレハブ（工場生産住宅）住宅の組み立て施工店になりました。続いて、新聞広告で工務店を募集していた、前積式住宅割賦販売の殖産住宅相互株式会社の施工店にもなりました。

その頃やっと、公的資金の借りられる住宅金融公庫ができました。しかし、貸出し枠が少なく、抽選に当たるには2年以上掛かりました。銀行の住宅ローンは、まだできていませんでした。弊社でも、自社で直接受注する住宅よりも、殖産住宅からの受注が増えてきました。

その当時、巷間では若い見習い大工を抱えた1組3、4名の大工親方が活躍していましたので、それらの大工クルーに工事依頼するのが大仕事でした。当時は高度成長期、誰もが現場を抱えていました。ローテーションに入っている大工は、なかなかスポットでは確保できなかったのです。また、住み込み職人の賄いとか、弁当を用意するのが新婚早々の妻には大きなストレスで、苦労のかけ通しでした。朝は早起きして住み込み職人の弁当を数個作り、工事現場に持たせます。それを毎朝続けながら、加えて夕飯の食事を家族以外にも数人分作らなければならない。嫁に来たばかりの妻にとっては重労働でした。

ある時、食堂から笑い声が聞こえたので顔を出すと、若い大工が「あねさん、今日のとんかつは大きいね」と言っていたとのこと。それを聞いた妻は、「今日は特別よ」と笑っていました。私の食事の時、妻は「あなたの分と若い衆の分とを間違えた」と、小さな声で呟《つぶや》きました。

当時は、「職人に嫁いだのだから当たり前だ」くらいにしか思いませんでしたが、今になってしみじみと思うのは、よく実家の福島に逃げ帰らなかったとの驚きです。当時、労《ねぎら》いの一言もかけてやらなかった自分を、深く反省しています。

第5章

大工を育てる

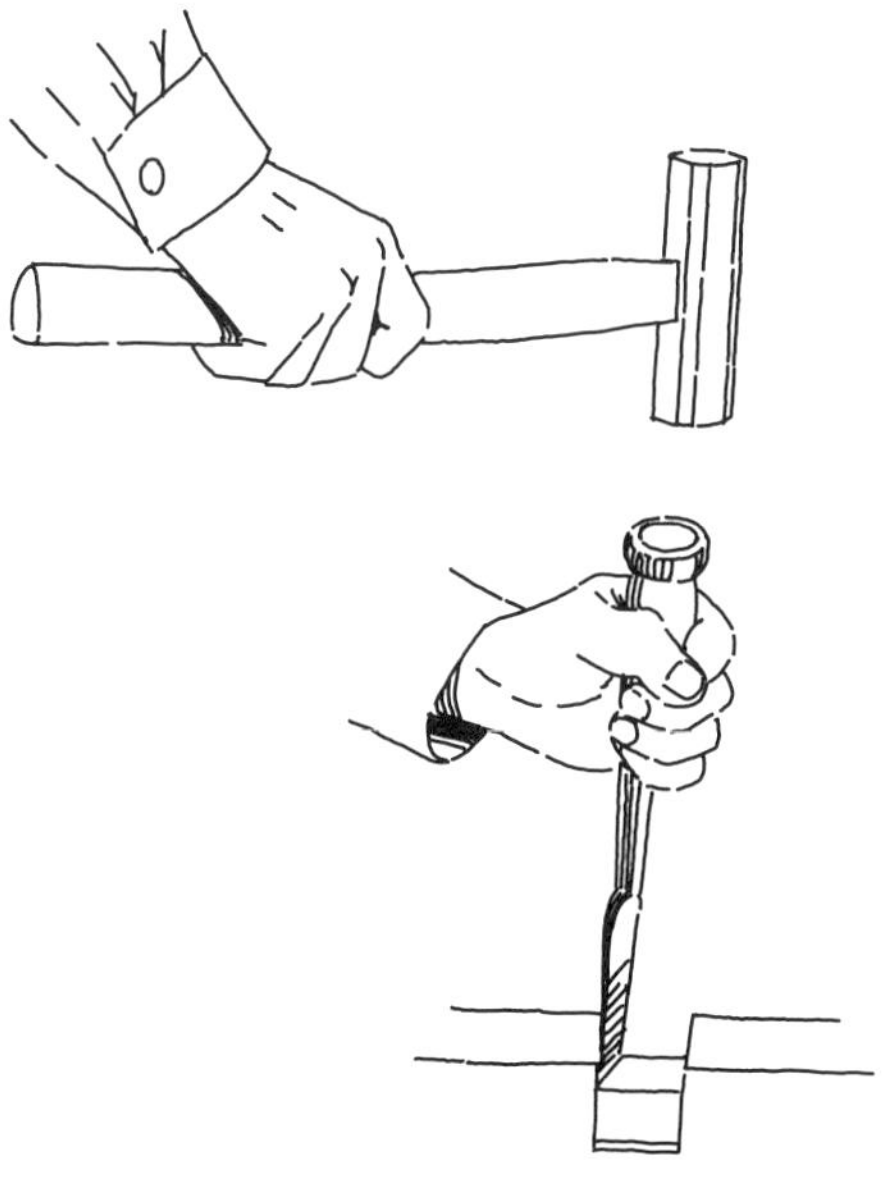

一級建築士など次々に資格取得

私は、国民学校（小学校）高等科2年制を1年残して中退したので、正式には旧法の義務教育を修了していないと思っていました。そこでその後、市役所などで調べても、はっきりしたことは分かりませんでした。ところが、国民学校初等科の学歴でも、国家試験の一級建築士を受験できることが分かりました。

建築業界での資格は、木造建築士、二級建築士とありますが、おもに木造を扱う木造建築士を除いては、一級建築士が上位の資格です。中央工学校夜間部に在学中、二級建築士には合格していましたので、それから4年の実務経験を経て、一級建築士の受験資格が取れました

建築士試験には、施工、計画、法規、構造の学科試験と、設計を加えた5科目がありました。私は毎年、構造と設計が不合格になり、最後の5年目でやっと合格できました。郵便ポストから合格判定通知書を恐る恐る開くと、合格のスタンプが目に飛びこんできました。思わず「バンザイ！」を叫んだ時の情景が、今でも思い出されます。

国家試験の一級建築士というのは、大学を出てから所定の実務経験を経て、すぐに受験する人たちの合格率は高く、私のように二級建築士に合格してから4年の実務経験を経て受験する者

の合格率は、あまり高くはないのです。私のような実務経験者は、施工とか計画などは得意科目ではあっても、構造とか設計とかの学科は、本を読むか、受験講座に参加するしか術がありません。

私も両国にある、安田学園高等学校キャンパスを使っての「一級建築士受験講座」の、夜間のコースに通い講習を受けました。その時に、「ラーメン工法」という、鉄筋コンクリート躯体構造計算を教えてくれた講師は、東大大学院の院生でした。

この、ラーメン工法というのは、中央工学校2年生の時に習った「構造力学」の「固定モーメント法」を使うものでした。この時も、私の頭では理解できず、今でもその時のノートを開いてみることがありますが、さっぱり分かりません。

そもそも、小学校の算数もろくにできず、力学もマスターできなかった私の頭では、はじめから無理な話でした。現在は、パソコンを使って簡単に計算できるようになりましたが、当時は計算尺片手に、四苦八苦したものです。それでも、5科目の試験を5年掛かって合格することができました。

合格して、一級建築士証書を手にしましたが、私の場合、実の伴わない名前だけの一級建築士でした。それでも、中央工学校の斎藤利忠先生にお願いしていた、一級建築設計事務所の管理建築士として、私の名前を入れていただきました。

その後、やはり国家試験である、一級建築施工管理技士、一級建築大工技能士等を取得しました。

昭和32（1957）年、新聞広告の生徒募集広告を見て、中央工学校建築科夜間部に入学できましたが、その時は修了証書だけもらえればそれでよし、と考えていました。しかし、建築を学んでみると欲が出て、実地経験だけで受験できる、建築系国家試験の住宅建設、大工育成資格のほとんどを手にすることができました。現在あらためて、親切に教えていただいた中央工学校の諸先生に感謝あるのみです。

後の木構造の権威になった東大のバイト生に習う

また、一級建築士試験は、1次試験の学科を合格してから2次試験の「設計製図」が受けられる仕組みになっていましたが、私は4年掛かっても構造が受かりませんでした。

そこで、墨田区両国にある安田学園高等学校で開講していた、一級建築士受験講座を受講しました。前述したように、そのとき授業を受けた講師はまだ若い大学院生でしたが、生徒のなかでも年配の私を見つけて、「分かりますか？」と声をかけてくれました。

その時の、親切な言葉を永年忘れられないできましたが、後年、東大である委員会に出席したとき、委員会が終わり、会の打ち上げで、東大赤門近くの小料理屋で会食をしたとき、たまたま東大工学部建築系大学院の、坂本功教授と同席しました。

昔、安田学園高等学校での、一級建築士受験講座で教わった坂本先生に面影が似ていたので、間違ってもともとと思ってお声を掛けたら、「安田学園での講習は、大学院生になって初めてのアルバイトでした」と言われました。私は、「それでは私は、坂本先生の教え子ですね」と言って笑いました。坂本先生は、東大大学院坂本ゼミの教授で、木造建築の権威になっていました。


一級建築士の登録を済ませ、日本建築士会に入会しましたが、同会から大工出身の建築士ということで、日本住宅・木材技術センターの「木構造接手委員会」に推挙されました。そこで、江東区砂町にある同センター研究所に、月1回のペースで1年間、委員として通いました。

平成3(1991)年4月には、(財)日本住宅・木材技術センターの木造住宅合理化認定システムに応募し、「木造住宅合理化高耐久システム」に認定されました。

その後、平成25(2013)年には、木造建築物接合金物認定制度ができました。

当時は、たまたま中野工務店でも真壁、天井現し用のコネクター金物を開発していましたので、金物の破壊試験を同センターに依頼しましたが、各金物5組の検体が全て合格し、認定を受けることができました。

この認定申請にも、以前、倫理法人会モーニングセミナーでお世話になった、コネクター金物のメーカー「サンコーテクノ株式会社」の洞下英人社長が、金物の製作など無償で引き受けてくれました。

私は、ものづくりの職人として、旺盛な好奇心から何にでも手を出してきましたが、その都度、サポートしてくれる人が現れて援助していただいたことにあらためて気付き、感謝の念でいっぱいです。

木造接手金物のSマーク認定についても、大手メーカーに交じって、一工務店が認定されたことなどを考えても、驚きに堪えません。

「番匠塾」の大工育成プログラム

昭和39（1964）年に東京オリンピックが開催されましたが、その数年前から注文戸建て住宅のブームが興りました。

そして、高学歴社会の到来とともに、中学を卒業して就職する生徒も激減し、高校進学が当たり前の時代になっていました。必然的に大工希望の若者も少なくなりましたが、中学卒業者に代わって高校卒業者の大工志望者が増えてきました。

今まで住み込みで大工徒弟者を育ててきた工務店も、新しくできた労働基準法などにより、住み込み徒弟者を雇うことができなくなりました。

労働省（現・厚生労働省）は、職業訓練法を作り、職業教育のために文部省（現・文部科学省）の学校教育とは別に、職別に技能訓練校を各県ごとに設立しました。併せて、企業内訓練校の認可をし、訓練補助金を支給しました。

もともと、大工育成の仕事は、棟梁型工務店の親方と称する大工の仕事でした。昔の徒弟制度のように、衣食住の給与と、ある程度、仕事ができるようになるまで決まった手間賃がもらえないという「年期奉公」の時代ではなくなりました。

現在は、何もできない素人に最低賃金法による給料を払い、各種社会保険の雇用者負担など、仕事を覚え給与に見合った働きができるまで、年間かなりの投資が必要になります。そのようにして育てても、仕事を覚えると、ほかの工務店の大工が手間賃で釣って引き抜いていく。そんなモラルのない現実は間尺に合わないと、誰も弟子を育てるものはいなくなりました。

理にかなった育成プログラム

職業訓練法によるＯＪＴ（オン・ザ・ジョブ・トレーニング）の企業内訓練校は多くありましたが、食費、寮費のみ自己負担で、研修費用は中野工務店が負担するという、新しい大工養成所として、中野工務店「番匠塾」を設立いたしました。既存の訓練校のように、国から補助金をもらえませんでしたが、それが幸いして番匠塾は独自のカリキュラムを作ることができました。

弊社に、当時55歳になる西伊佐夫という、積算担当の社員がいました。学校は機械科を出た元大工出身者でしたが、当時、普及してきていたパソコンを使い、その頃は珍しかった見積り書を作っていました。

その西さんに、番匠塾の指導教師に専従してもらい、実務的な電動工具の使い方とか、躯体墨付けを10分の1の部材に墨付けをしてもらいました。

西さんは、大工訓練指導教師としては適任で、いろんな訓練システムを発案してくれました。私も一応は、建築大工一級技能士の資格も、建築大工職業訓練員の資格もありますが、興味を持った訓練には、生徒に交じって訓練を受けました。

訓練校の認可を取れば、訓練補助金がもらえますが、労働省の決める指導要綱に従わなければなりません。訓練法に定められたカリキュラムには、大工技能士養成にとって不必要な、建築歴史とか構造概論とか、高校建築科での履修科目がたくさんあります。私は、大工訓練校ではもっと実務的な訓練に時間をかけるべきだと考え、番匠塾では私の大工経験から独自のカリキュラムを組み、訓練を行いました。

現在は専門学校とか、工務店業界の訓練校にも大工育成科が設けられていますが、私の作った番匠塾の訓練システムが、理にかなった訓練方法だと自負しています。

番匠塾、授業風景

番匠塾入塾式

プレカット・電動工具の時代の大工訓練

昭和33（1958）年、電動モーターを製造していた「マキタ電気」が、わが国最初の電気カンナを2万円台で発売しました。当時の大工の日給は1000円前後でしたが、大工たちは月賦払いで、競ってそれを買い求めました。この年、昭和33年は、大工工具が手動から電動に代わった節目の年となりました。

その後、数年して、木造住宅軸組の躯体加工を自動化する「プレカット時代」になり、大工職人の立ち位置も大きく変わってくるのですが、中野工務店では将来、躯体加工の機械化は必須の条件になるとの考えから、他の工務店に先駆けて、工務店が設置できる予算と工場に合わせた「ミニプレカットライン」を設置しました。

このため、番匠塾のトレーニングは、電動工具の使い方から、プレカットの運転、指矩の使い方などが必須科目になりました。機械加工は、大工職人の手加工より製品精度が高いため、その後の造作工事まで、寸法的に精度が高い仕上げを実現することができます。

番匠塾では、従来の刃物の研ぎ方とか、難解な規矩術とかの授業を減らし、代わってプレカットの運転、プレカットのための墨付け（マーキング）などに時間を割きました。

そのために、番匠塾での2年修了後、中野工務店に1年の「インター勤務」が義務付けられているのですが、一人前の大工職人より、プレカットの運転は能率的にこなせます。

現在は、弊社が導入した手動式プレカットに代わって、コンピューター制御のキャドカムラインに進化して、100％近くの普及率になりました。

工務店から大工が消えたら

工務店は年間に、大工クルーの数だけしか住宅棟数は造れません。そして、大工職人の腕の良し悪しで、木造工務店のランクが決まるといっても良いと思います。ですから、大工は工務店の命なのです。

住宅の中でもハイレベルの、注文住宅専門の工務店にとって、大工がいなくなるということは、工務店がなくなることだ、と気が付きました。そして、公的な訓練校に頼るだけでなく、われわれの業界で大工育成に取り組むべきだと考えたのです。

昭和62（1987）年4月に、「中野工務店大工育成番匠塾」として開塾し、平成7（1995）年に閉塾するまで、8年間で68名の入塾者があり、卒業したのは35名でした。

現在（2023年）、中野工務店に専従している大工は4名です。全員50歳代の中堅の大工で、棟梁になり、その後入社した若手大工の指導を任せています。

平成時代、当社は鉄骨加工の工場を設けたり、展示用モデル住宅を造ったり、支店を出したりと、いろいろ試行錯誤を繰り返してきましたが、私塾「番匠塾」の開設は、唯一成功したプロジェクトだったと思っています。

元号が令和と替わって5年が経ちますが、令和4（2022）年度の持ち家着工戸数は、24万8000戸と、過去最低になりました。この数字から見ると、上位ITグループの4万戸から、下位30番目のIS社の595戸までの30業者を見てみると、ほとんどがハウスメーカーと不動産商社系ビルダーで占められています。

この中には、地域ゼネコンはおろか、地域工務店は1社も名を連ねておりません。これは当然のことで、ハウスメーカーも含めて商社型ビルダーと、地域工務店とは業態が違うのです。当然、大工育成についてもコンセプトが違います。

アッパーな注文住宅を建築する市場は縮小することは否めませんが、優秀な大工を育て、ユーザーの負託に応えられる工務店も減少するので、顧客と業者が無理のない仕事のできる理想的な業界として発展できるでしょう。そのためにも、組立大工ではない、工芸大工の育成こそ、持続をかけた工務店の正念場です。

また、中野工務店には、大工の「番匠会」という親睦会がありますが、会の研修会には大工見習い社員も、有名建築などの研修会に参加します。

最近の研修で見学したのは「京都迎賓館」、中央工学校軽井沢研修所茶室「南暁」、「神戸竹中大工道具館」などですが、どこも先人の残した大工職人の遺産に目を見張りました。

番匠塾から工務店の協業組織創成へ

日本に初めて、北米の2×4（ツーバイフォー）工法の住宅を採り入れた1人が、永年アメリカ生活をしていて、2×4住宅の合理性にいち早く着目、竹中工務店と日立をスポンサーに木造住宅の日本ホームズを作り、専務取締役として活躍した松田妙子さんです。その松田さんが(社)住宅産業研修財団をつくり、工務店をサポートするためにと、工務店研修講座が開かれました。

その講座修了者で、「クオリティ・ビルダーズ・クラブ（QBC）」を結成しましたが、私も参加して研修を受けました。

その時、一緒に研修講座を受けていた、大和市の青木工務店の青木宏之社長と知り合いました。青木社長は、祖父が静岡県出身の大工棟梁で、創業100年を越える中堅工務店です。また青木社長は、全国中小建築工事団体連合会（全建連）の役員も務めていました。その関係で、建設省の住宅関係の諮問委員会に委員として出席していました。

青木さんは、そこに学識経験者として出席していた、芝浦工業大学大学院教授の藤澤好一先生とも親しく、委員会終了後の帰途にはいつも一緒になり、帰りの車中では工務店のサポートについて、種々話し合っていたとお聞きしました。

そんな経緯から、（社）住宅産業研修財団理事長の松田妙子氏の主宰する、ＱＢＣ会員工務店5社が、企業内訓練校を作ろうと、芝浦工大の藤澤教授（当時）に相談をしたところ、芝浦工業大学キャンパスの空き教室を使うことを提案してくれました。

そして平成7（1995）年9月、千葉県市川市の株式会社中野工務店に本部を置く「木工技能育成会」が設立されました。そこに「広域認定建築大工職業訓練校」を設立し、広域認定の企業内訓練校としては全国で初めての認定校となり、千葉県から認定書を受けました。

「ＪＢＮ」の設立に奔走

この訓練校の設立についても、青木社長、藤澤教授には、申請書の作成などでお骨折りをいただきました。港区虎ノ門のパストラルホテルを借りて、住宅産業研修財団の松田妙子理事長、理事の芝浦工業大学・藤澤好一教授、建設省住宅振興室長などの出席をいただき、入塾式を華々しく開きました。

平成20（2008）年に、国土交通省が行った「長期優良住宅先導モデル住宅」の募集について、全建連会長の青木宏之氏に諮問がありました。この諮問に対して、青木会長は藤澤教授と相談し、国交省の負託に応えるために全建連内に「工務店サポートセンター」を設立しました。この長期優良住宅は、施主に２００万円の補助金が出るので人気がありましたが、弊社でも数棟がエントリーできました。

やがて、長期優良住宅のプロジェクトは終了しましたが、この時、国土交通省の指導で、全国工務店協会として社団法人化を薦められました。

そこで、全建連会長の青木宏之会長は、全建連役員の和田正光副会長、大野年司副会長らと、全建連から独立して、「一般社団法人ＪＢＮ・全国工務店協会」を設立いたしました。

それまでわが国には、工務店の協業組織としては、全国中小建設工事業団体連合会と、他に全建連という建築職人の社会保険組合があるだけでした。保険業務を除いて、後継者の育成のために、各地に工務店協業組織を立ち上げ、大工養成訓練を行っています。

この工務店の協業組織は、わが国で初めての組織で、国交省木造住宅振興室からも設立の応援をしていただきました。また、芝浦工大名誉教授の藤澤好一先生、住環境価値向上事業協同組合（ＳＡＲＥＸ）専務理事である野辺公一さんにご協力をいただきました。

工務店の唯一の全国組織は、振り返ってみますと、大工育成の木工技能育成会からＳＡＲＥＸへ、そして工務店サポートセンターからＪＢＮ・全国工務店協会へと、成長発展したのです。

平成23（２０１１）年３月11日、マグニチュード9の地震が岩手県沖に発生し、震度7を記録しました。この時、国交省から応急仮設住宅木造住宅の建設を要請されました。しかし、JBNは工務店の集まりであり、大工を急に集めることは不可能でした。

そこでJBNの和田正光筆頭副会長は、組織人数60万人を擁する全国建設労働組合総連合（全建総連）と共同で建設にあたり、東北3県合わせて1000戸を超える実績を上げました。

その後、青木JBN会長は、全国木造建設事業協会（全木協）を設立し、各自治体と、災害時応急仮設住宅の建設協定を結びました。これで、誰ひとりとして成し得なかった工務店全国組織、JBNを誕生させた、青木工務店青木宏之氏の偉大な功績は、いつまでも消えることなく語り継がれることでしょう。

木造大工の種類

伝統的木造建築大工は、3つに分類されます。（1）住宅大工、（2）社寺大工、（3）数寄屋大工などです。

昔は、これらと並んで船大工がありましたが、現在は船大工という職種そのものが消えてしまいました。また木造船は観光用に残るだけです。

この3つの中で住宅大工には、数寄屋建築も、社寺建築も手掛けられる人が少なくありません。一般の人はよく「わが家は宮大工が造った家だから優れた家だ」などと自慢しますが、住宅は専門の、町大工のほうがベターです。

昭和32（1957）年、私は東京北区駒込にある中央工学校建築科の夜間部に通っていた、と書きました。その時の同級生に、私と同じ大工で私の2歳年下の、竹澤要君がいました。彼は、戦災で焼けた明治神宮の再建工事に、全国から選ばれて従事していた住宅大工でした。竹澤君は、明治神宮の完成後、明治神宮を設計した社寺建築の設計事務所に入りました。そこで、社寺建築をマスターし、その後、独立して「竹澤古典建築設計事務所」を設立しました。ここは社寺建築では首都圏でも有数の設計事務所です。

その後、中野工務店では、お寺の山門建設を依頼されて施工しましたが、この時に竹澤古典建築設計事務所の竹澤所長に助けてもらい、宮大工のいない町の工務店が、どこに出しても恥ずかしくない、お寺の山門を造ることができました。

専門性への挑戦

中野家の菩提寺は市川市国府台にある、真言宗豊山派明王山根本寺です。この寺は江戸時代から、千葉県東葛飾郡市川町根本に無住職寺として存在していました。明治時代、市川町根本に、現住職の4代前の住職が寺を再建しました。現在の市川市国府台には、3代目住職の中村浩成住職が、社寺建築では著名な東京の佐藤秀工務店の設計施工で、鉄筋コンクリートの近代的な寺を造りました。

しかし、寺の建物は立派でも山門がなく、アルミ製の開き戸があるだけでした。私は総代として役員会議に山門の建築を提案したところ、賛成されました。当初は、木工事を社寺工務店に外注するつもりでしたが、ちょうど中野工務店で大工育成の番匠塾をつくり、2年の養成を終えたインターン勤務の大工見習職人がいたので、私が親方になり、自社施工をすることに決めました。

加えて弊社には、台檜（台湾檜）という銘木の在庫があったので、それを是非生かしたいという、私の思いがありました。この材木は、十数年前に木材市場のブローカーが売りにきたものでしたが、当時、台湾政府は2000メートル以上の高地にしか植生しない天然ヒノキの枯渇を防ぐため、台湾檜の伐採と原木の輸出を禁止していました。

社寺建築に使用する木材は、木曽檜、欅《けやき》ですが、木曽檜は天然材なので、造林しても100年はかかり、伊勢神宮の遷宮にしか使えません。奈良薬師寺の再建にも、台湾檜がやっと手に入ったくらいです。

クラスメートに助けられ

住宅には、同じ檜でも「造材」という植林した檜を使います。ですから、弊社でも住宅に使用するにはためらいがあり、処分に困っていました。それが、菩提寺の山門に生かせることになり、願ったり叶ったりとなりました。

しかし、私が大工徒弟者として、大工実務に従事したのは13年くらいで、25歳の時には棟梁として職人を使う立場にあったので、宮大工技能の取得はできませんでした。

当時のわが社には、職人の中にも社寺建築の経験のある職人は皆無でした。そこで前述した、中央工学校の同級生で親しい竹澤古典建築設計事務所の竹澤要所長に相談したのです。竹澤所長は快く承諾してくれて、数枚のフリーハンドのスケッチを渡されたので、それを基に、私が原寸を起こし、竹澤所長に監修してもらいました。

工事費についても、竹澤古典建築設計事務所に積算してもらいましたが、概算で3000万円以上掛かることが分かりました。しかし全額、檀家信徒の寄付を集めることには無理があったので、私個人が、木材、大工手間などの木工事を寄付させてもらいました。

この工事は、私を親方として、大工養成塾「番匠塾」のインターン生2名のクルーだけで仕上げましたが、芝浦工業大学の藤澤教授、蟹澤教授は、大工が競う「鉋で削る会」などにも参加していて高級な鉋を持っていたので、柱などを仕上げてもらいました。

竹澤所長には、大工の指導だけでなく、銅板屋根の板金職人、彫刻職人、錺金物《かざりかなもの》職人など、住宅工務店では取引きのない専門職方を世話してもらいましたが、竹澤所長の口利きということで、どの職方も親切に対応してくれました。

その甲斐あって、町の工務店が、宮大工、そして正規の大工を1人も使わないで建てた山門とは、誰も信じないほど立派な山門が出来上がりました。

私が中央工学校に入学しなかったら、竹澤所長とは知り合うことはできず、根本寺山門を中野工務店で仕上げることなど叶いませんでした。こうして考えると、このことは偶然ではなく必然の結果であり、以前、根本寺の中村住職から言われた「中野さんは、生涯多くの人たちに助けられて生きていける」という言葉を思い出し、根本寺山門を監修してくれた、竹澤要所長に感謝するのみです。

大工の働き方改革と職人根性

平成7（1995）年、大工技能士の育成に中野工務店「番匠塾」を設立するにあたり、業界紙『日本住宅新聞』に生徒募集の記事込み広告を出しましたが、予想より多くの反響があり、北は北海道から、南は九州までの応募があり驚きました。

私は、応募者1人ひとりに面接し、職業に大工を選んだ理由を聞きました。その中で、各人が共通して答えてくれたのは、「大学を出て、普通のサラリーマンになるのではなく、建築関係の職人というスペシャリストとして自由に働きたい」という意見が多くありました。

そこで私は、大工を自分の天職として、ユーザーに喜んでもらえる家づくりを志し、この道一筋に生きてきたことを話しました。

応募者の中には、約半分くらいは実家が工務店であり、その後継者たちでした。番匠塾卒業後は、中野工務店専属の大工になるのも、家に帰り親の後を継ぐのも自由ですが、番匠塾研修では2年間と、さらに3年間のOJT訓練を義務付けました。

番匠塾は、月謝を取らない大工養成校ですが、その代わり中野工務店の社是である「顧客に満足を与えられる家づくりをすること」と、「将来、職人を大工クルーとして雇う場合は、職人が満足する手間賃を支給すること」を、番匠塾卒業大工の必須要件として、遵守することを誓わせました。

そして、大工の生涯賃金について、標準のキャリアパスグラフを示し、将来の進路と標準の年収についての指針を説明しました。

私自身の体験から

大工でも、私のように年間2000万円も稼げる者もいる、と話しました。実際は、中野工務店社長としての当時の私の年収は、1000万円にも満たない額でしたが、その時の中野工務店の申告利益が2000万あったので、私個人と会社全体の稼ぎをオーバーに話しましたが、この話を作り話ではなく実行してくれた卒業生がいて、嬉しくなりました。

現在（2023年）、中野工務店の社員大工、専属大工を合わせると5名ですが、この中で棟梁会の会長は、市川市柏井に中野工務店の設計で自宅を建てました。子どもさんは進学塾に通い、有名大学に入りました。

彼は番匠塾に入塾する際に示した、大工のキャリアパスを上回る実績を上げ、「仕事は早く正確に」を実践する、中野工務店の誇る大工のモデルとして、立派に成長してくれました。

大工職人の就業形態は、工務店に技能者として働く、月給制の社員大工（常傭大工）と、専属外注大工の2種類があります。専属の外注大工は、工事出来高払いの請負い契約です。昭和から平成にかけて、大工親方の手間（技能報酬）は、工事請負いが定番で、常傭制の大工職人が親方に就き、1クルーを編成して工務店から仕事を受注していました。社員の日給月給制などは、まだありませんでした。

もっとイナセなファッションを

大工など職人を、戦前は商人やサラリーマンなどと区別する呼び名として、「半纏着《はんてんぎ》」と呼びました。大工の半纏は商人の着る半纏と違って印袢纏《しるしばんてん》と呼ばれ、紺色で、腰字模様の入ったものという決まりがありました。生地も、木綿の藍染に白字で棟梁の名を入れ、一目でものづくり職人と分かりました。

昔の大工は半纏着を誇りとしていましたが、作業効率を考えて「胴付き」と称する袖口に手甲を縫い付け、こはで数枚で止めました。「こは」とは小はぜのことです。真鍮や象牙などでつくった爪型の具で、足袋脚絆などの合わせ目を止めます。「こはぜかけ」に掛けて、数枚で止めるのです。

作業ズボンは昔の腿引きに替わって、裾幅を補足したズボンを穿き、脚絆を巻きました。外部仕事は地下足袋を履き、室内造作は白鼻緒の草履を履くのが決まりでした。鉢巻きも豆絞りなどの手ぬぐいをきちっと締め、そこに鉛筆を刺していました。

その後、棟梁たちが、請負師（地域建築業）オーナーの真似をして、乗馬ズボンを穿き、赤革靴を履いて、懐中時計を鎖でぶら下げるようになると、伝統的な大工スタイルは徐々に消えていきました。

昭和30年代になると、住宅建築現場から半纏は消えて、ジャンパーとか襟付きシャツに替わりました。学校でも、大学生になると制服はなくなり、普段着に替わりました。街中で交通整理をする警官が、制服を着ずに普段着で手を上げても、恐らく誰も従わないでしょう。また、落語家がスーツを着て高座に上がっても、お茶の師匠がスカートをはいてお茶を点てても、これも様にならないでしょう。

大工はカッコ良くなくちゃ

工務店でも、現場監督や専属大工にユニフォームを支給しても、着たり着なかったりになりました。職人に限らず会社員でも、ユニクロウエアかウォークマンウエアに替わりました。何を言いたいかというと、今の職人には洒落っ気が乏しいということです。

旧い川柳に「世の中に　酒と女は仇《かたき》なり　どうぞ仇に　巡り会いたい」というのがあります。女性にもてたくない男性というのは、お金は必要ないという人と同様に、どれくらいの割合で存在するものでしょう。限りなくゼロに近い数字が容易に想像できます。

いささか不謹慎な話題からの導入になりましたが、その時代の職業の人気の度合いは、女性にもてるかどうかということが、実に明解な指標となります。残念ながら、最近の大工という職業は、女性にもてない職業の上位クラスに入るのではないでしょうか。

もちろん、ユニフォームだけの問題だけではなくて、戦後20数年間、大工工賃が据え置かれたという事情があります。しかしそのことは、他のブルーカラーの人たちとて同じです。そして、職人の手間賃が上がらないのは、工務店だけの責任ではありません。

昔の半纏着はイナセで、女性にもてました。今さら半纏を着ろということではなく、ダブダブズボンをやめて、お洒落なユニフォームを作って現場を飾ってもらいたいと思います。レーシングドライバーのように、恰好の良いユニフォームを作ったら、若者の大工志望が増えるでしょう。

乙女が粋だと思う安全服はないのか

このように書くと、「職人は見た目ではない、腕だ」と叱られそうですが、弊社ではお洒落な作業着を着て、絶えず現場を掃除している大工こそが、一番の腕前の大工なのです。

天心聖教の柱暦27日に、「心と態度と言葉整えよ」という教えがありますが、心と言葉と態度が整うと、服装が整います。心と態度と言葉と服装が整うと、人格が整います。

昭和の棟梁は大工の心構えとして、「人格六分に技能四分」と言っていました。このような職人は、仕事も早く正確です。

木造の現場でも、外部工事ではヘルメット着用が義務づけられていますが、内部造作でも、手拭いを被るのではなく、木造大工専用の、恰好が良くて被りやすい、頭部保護の作業帽ができたら良いと思います。

作業服専門だったウエアメーカー「ワークマン」が、女性向けの商品を発売して話題になっていますが、大工専用のユニフォームとヘルメット、作業帽、室内用作業靴、外部用作業靴などを開発して発売してくれたら、電気工具大手メーカーのマキタ電気と並んで、大工の地位向上に役立つことは、間違いありません

第６章

木造次世代工務店をつくり出す

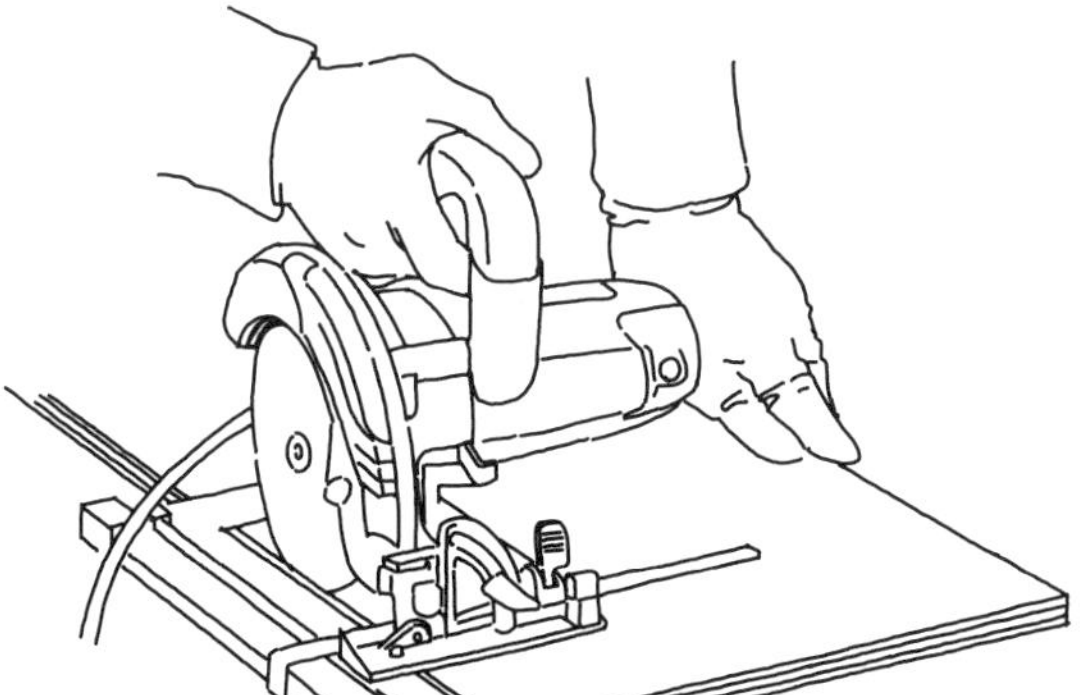

バブル狂乱

住宅産業研修財団の松田妙子氏が主宰するＱＢＣの会員で、東京世田谷のＴ工務店社長から、経営コンサルタント会社を紹介されました。

このＴ工務店は、経営コンサルタントと経営改革の指導契約を結んでいました。「このコンサルタントの先生は非常にいい先生だから、中野工務店でも頼んでみないか」という触れ込みでした。

Ｔ工務店は、このコンサル会社の指導を受けて、マンションの建築販売の不動産業に進出して、分譲マンション工事が当たり、業績を伸ばしていました。私は、このコンサルタント会社との業務契約についても、本丸先生の周期表を見て熟慮した結果、展開期だったので、迷わずこの会社とコンサル契約を結びました。

相手の希望で、契約は京都にあるコンサルタント会社の本社で行いました。契約が終わって帰ろうとすると、「食事に付き合ってくれ」と言われたので従いました。ところが、食事場所は有名な先斗町のお茶屋でした。そこに連れていかれ、舞妓の踊りなどを見せられました。このことから、私は少しおかしいと思いましたが、これが京都流の接待なのかと思い、従うほかありませんでした。

その後、毎月1回、京都からコンサルタントが来社し、中野工務店の経営会議を開催して、事業計画、社内諸規定就業規則の見直しなどを進めてくれました。

また、年に1回はホテルなどを借りた宿泊研修なども企画してくれました。しかし、行っていることは非常に恰好の良いものでしたが、中小企業同友会あたりの真似ごとにしか見えませんでした。

形ばかりを追いかけて

それに、コンサルタント会社への顧問料の支払い、京都からの交通費、ホテルの宿泊費など、かなりの経費が掛かりました。仰々しく経営会議を開いても、肝心の社員たちの中には、あくびをする者さえいました。「笛吹けども踊らず」という感じでした。

その後も、なんの成果も出すことができず、1年でコンサル契約を打ち切りましたが、コンサルタント会社に頼めば社風が一新し、業績が上がるなどという馬鹿な考えを恥じました。

同じコンサルタント会社と契約していたT工務店は、分譲マンションの建設販売に手を出して最初、大きな利益を手にしたためか、今度は不動産に深入りし、あっけなく倒産してしまいました。

ここまで、何度も中野家の奇蹟として書かせてもらいましたが、昭和23年に母は、借金をして土地を買い、家を建てました。それから39年経った昭和62（1987年）年、坪120円足らずで買った土地を坪300万円で、地上げ屋が買いにきました。いわゆる、昭和末期のバブル真っ盛りの頃の、嘘のような本当の話です。

コンサルの手に乗った工務店も

バブルの時代は、土地の少ないわが国の土地価格は、「上がることはあっても、値下がりすることなどは絶対にない」と信じられていましたが、この土地神話が仇《あだ》になりました。そして、貸出し競争に目の色を変えた銀行が、毎日のように土地情報とか、ゴルフ会員権の勧誘に来ました。土地にしても、ゴルフ場にしても、「今、買っておけば必ず値上がりするから、今、借金をしなければ悔いを残す」と巧みに購入を勧められ、融資の申込書には、判を押すばかりにしてありました。

当時、中野工務店は火災保険の代理店をしていました。年に1回は必ず契約の書き替えがあり、ユーザー訪問ができると思ったからです。ところが、代理店契約先の興和火災が、投機的な保険を売りに出しました。資金は興和火災の与信で、三菱銀行が出しました。「2億円の保険料を一時払いすれば、5年後6000万円の配当が付く」というものでしたが、これも断れずに購入しました。今になって考えると、銀行もわれわれ取引先も、完全に狂っていた時代だったのでしょう。それでも、この案件は、プラスマイナスゼロで、損金は生ぜず助かりました。

それでも1、2年も経てば土地も上がり、また景気も良くなるものと思っていましたが、5年経っても10年経っても、元の木阿弥でした。1000万円で購入したゴルフ会員権は、わずか5万円で処分しました。

幸い、中野工務店が事務所を建てるため、昭和40年頃、坪10万円くらいで購入した300坪の土地が、バブルがはじけた後も坪100万円は下らなかったので、これを担保に借り入れをして、なんとか資金繰りができました。

昔、倫理研究所の朝起き会で、青山先生から天職の意義を教えられ、「家づくり工務店は、間違っても金儲けに走ってはいけない」と言われたにも関わらず、このバブルで会社が潰れる寸前まで来てしまったことを、深く考えさせられました。

当時、私は55歳のやる気満々の経営者でしたので、欲に目がくらんで、これらのギャンブルに手を染めてしまったのです。

整理期間は32年に及んだ

コンサルタント契約の時も、土地購入の時も、私の作った運命周期表に照らして判断したつもりでしたが、あとになって考えると、どこかでミスっていたことが分かりました。

しかし、運命周期表のポジティブな展開期に、事を起こしても失敗したと思います。人間の運命とは、そう単純なものでないことがよく分かりました。

繰り返しますが、当時は銀行が毎日のように、土地情報をもって来社しました。中身は「資材置き場にどうですか？」、「分譲住宅を造りませんか？」、「転売しても、1年持っていれば倍になります」などというものでした。そして借り入れ申込書は、前述したように弊社の実印を押すだけになっていました。

戦後の土地神話で洗脳され、私にとっては前述の中野家の奇蹟として紹介した、坪120円の土地が、当時、坪300万円という価格で土地ブローカーが地上げに来たという事実が、更に私の思考を狂わせて、日本の土地価格は上がることはあっても下がることはないという、神話を信じていました。それもみんな、銀行の紹介してくれた土地だから固い話だと、自分に言い聞かせていたのです。


工務店は、請負い金の立て替えなどで、ある程度の借入れ枠が設定されていました。このことも仇になり、気が付いたら外房のリゾート地、千葉市の山林、東金市の住宅地、地元市川市の住宅地などを購入し、借入金も気が付いたら、かなりの額に膨らんでいたのです。

元号も昭和から平成に替わると、日本の経済もインフレからデフレ経済になり、現在の令和時代を迎えています。

平成時代の31年間は、中野工務店の「整理期間」でした。ゴルフ場、土地の売却など、ほとんど捨て値に近いものでしたが、なんとか処分することができました。そして、ハイクラスの木造注文住宅建築に特化したことが幸いして、仕事が途切れることがなく、どうにか倒産を免れたのです。

バブルに苦しみバブルに微笑む

私の浅はかさから大きな失敗をしましたが、実はこのバブル騒ぎのお陰で、中野工務店は救われた面もあるのです。というのも、バブルに乗って事業を拡大していたら、弊社はとっくに潰れていたと思うのです。当時、中野工務店は倒産寸前でしたが、必死でダウンサイジングに努め、そのお陰で、公共工事から手を引き、設計、現場施工者、大工職人を育成して、注文住宅専門に特化することができたからです。そのことに気付かず、拡大路線を突っ走った同業者の多くが脱落した、バブル狂乱時代でした。

「失敗は成功の元」と言われますが、私の中野工務店も、この時、工務店経営の在り方を真摯に学習することができたのです。

私は、このバブルに踊らされた1人で、せっかく留保できた資金を減らしてしまいましたが、お金には代えられない、大きな教訓を身につけることができました。

経営でも、人との交流でも、我欲で計るのではなく、利他愛を物事の規範として、他を想う心の涵養こそ宗教の教えであり、成功の秘訣だと思えるようになりました。また「僥倖を祈る心が不幸を招く」という教えが、心に沁みました。

経営の適正規模を守る

注文戸建て住宅専門の株式会社中野工務店は、江戸川をはさんで東京都江戸川区に隣接した千葉県市川市にあります。

市川は快速電車で東京駅まで20分足らずで着くことができる、高級住宅地が戦前から存在していた、歴史的にも文化的にも価値のある利便性抜群の都市です。昭和の初期には、東京下町の商店主などが「北の鎌倉」と言われた環境の良い市川の高台地区に、競って住居を建てました。従って、大工棟梁の数では千葉県一の大工棟梁がいたのです。

それが現在、令和の時代になってみると、調べてみたわけではありませんが、中野工務店が数少ない小規模工務店の生き残りになってしまいました。

戦後、地方自治体の発展に伴い、いわゆる箱物行政と言われる公共工事が増えて、地方建築業者が増加してきました。しかし、平成の時代に入ると、少子化現象が顕著になり、学校なども空き教室が目立ち、箱物行政も終わりを迎えました。私の住む千葉県でも、老舗といわれる建設会社が次々と廃業していきました。

もともと、受注産業のほとんどが、市場経済の波にもまれる不確実な業界でしたが、注文住宅請負業も、安定した受注を確保するのは至難の技となりました。

昭和30年頃、私が大工建築業を始めて間もなくの時代ですが、現場で施主から出されたお茶を飲んで休憩をしていると、そこのご隠居さんが、私たち職人の話に割って入ってきて、私に向かって「棟梁まだ若いのに、頑張るね」と褒めてくれました。しかしそのあとに、「だけど建築屋は商売を大きくしては駄目だよ」と付け加えました。そして、「屏風は広げれば広げるほど倒れる。腫物《はれもの》は大きくなると潰れる」とも忠告してくれました。この建築屋というのは、恐らく大工工務店のことだと思います。

創業以来65年、一度もお金に苦しんだことはなし

私も自分の周りの先輩工務店を見てきて、少し仕事に恵まれると、いい気になって道楽を始める先輩棟梁の姿を見てきたので、そのことを指しているのかなと理解していました。

しかし、弊社を創業して今年（令和６年）で65周年を迎えることができましたが、開業以来、明日の仕事がなくて職人を遊ばせたことなどは、１日もありません。このことは、また読者から笑われることを覚悟して書かせてもらいますが、宗教心で経営するわが社の信仰の功徳だ、と私１人で信じています。

「会社を大きくすると潰れるから大きくしない」という考えは、間違っています。注文住宅工務店の年間完工棟数は、専属大工の人数によって決められます。弊社の場合、常傭大工が約15名ですので、年間20棟前後の完工高しかありません。しかし、１棟あたりの工事費は平均５０００万円以上です。かなりアッパーな住宅を造っているので、分譲系工務店と競合することはあまりないのです。

従って、会社を大きくしたかったら専属の腕の良い大工を育て、併せて職人をマネージメントのできる管理者を育てることが第一です。このことが工務店の営業戦略です。

そして、さらに会社を大きくしたいなら、専務クラスの役員をディレクターとして、支店を開設するか、昔の「のれん分け」として、子会社を作ればよいと思います。

二代三代と続く工務店で、後継者で困っている社長が多くいますが、社長は無理に世襲でなくても、役員の中から役員会で推挙すればよく、そのほうが世襲社長とするより、モアベターです。

発展計画のない工務店でも、社長に何かあったときには、いつでも社長代行ができる役員を育ておくことが、工務店の持続要件の大切な一つです。

一極集中、注文住宅の受注

わが国で、テレビが放映され始めた初期のホームドラマに、街の工務店が鉄筋コンクリート建築の請負いに憧れ、4階建ての商店を鉄筋コンクリートで受注する、という話がありました。

この大工上がりの社長の夢は、木造住宅からローカルゼネコンを目指して、街の目ぬき通りに足場を架け、看板シートを掲げて名前を売ることが、地元に対するステータスとなるだろう、それがこの工務店社長の夢でした。

しかし、職人根性だけでは地域建設業者になることはできず、この工務店は倒産・廃業してしまうドラマでしたが、当時は大工棟梁が法人化した工務店の社長となり、身の程知らずの夢を見た物語として、今でも印象に残っています。

私も木造住宅だけでなく、鉄筋コンクリート建築もこなせる地域建設業者として成長したいという願望を抱き、千葉県内から技術者を募集し、中層コンクリート建築分野に手を広げました。

この頃、市川市でも商店の3階建てが増えてきました。私の住んでいた市川駅南口の町内会の会長が、鉄筋コンクリートで3階建ての店舗を造ることになり、木造大工の私に、「勉強して造ってみろ」と、注文してくれました。

私は鉄筋コンクリートの建物を造るのは初めての経験でしたが、この時も、思ってもみなかった設計事務所、型枠大工、鉄筋工事業者が見つかり、難なく完成させることができました。

鉄筋コンクリートの実績もない中野工務店に、３階建ての店舗を任せてくれた施主に改めて感謝するとともに、協力してくれた設計士、型枠大工、鉄筋工などの助けがあったからだと、深く感謝しています。

揺らぐ野丁場進出

昭和50年代、鉄筋コンクリートの店舗を中野工務店に発注してくれた自治会の役員が、町内から出ている市議会議員とともに弊社に来社して、「市川市で市内業者の育成を図るために、市内建設業者の工事入札参加者を募集しているから、指名参加届を市川市に提出するように」と強く勧められました。

勧められるままに、指名参加届を出したものの、零細工務店が公共工事に参入できるわけがないと高を括っていました。当時、弊社は月払い住宅会社の下請け業者になっていて、年間完工高は一般の工務店の倍近くあり、市川市の建築部長から、「工務店でこの完工高は凄い」と驚かれました。

市川市からの初めての受注は、昭和50（１９７５）年10月の市川市南保育園新築工事で、受注金額は８０００万円でした。昭和50年代は、市川市でも就学児童数が増加してきて、小中学校の校舎が足りなくなり、毎年、小中学校の新設が４校から５校もありました。しかし最初は、増築工事か、体育館などしか指名はありませんでした。

入札参加してから5年経ち、千葉県にも「工事指名願」を提出し、受理されました。この頃になると、役所にも実積がつき、建築業者ランクでAクラスを取れるようになっていました。その結果、毎年のように市営住宅とか、新設小中学校が受注できるようになり、千葉県でローカルゼネコンの仲間入りができました。市川市から「市川市優良建築業者」として表彰されたことも、数回ありました。

昭和56（１９８１）年10月、中野工務店の所在する市川市南に、校舎屋上にプール付きの中学校が新設されることになりました。そして、設備工事を除いた建築本体工事を落札することができました。この時の入札メンバーは、地元業者3社、千葉県内業者3社、大手業者4社でした。大手業者の中には、竹中工務店、大成建設などのビッグなゼネコンが入っていました。

木造専門工務店へのシフト

当時の、中野工務店の年間完工事高は4億８０００万円くらいでしたが、この中学校の落札価格は9億6000万円でした。

この落札について、ある市会議員から異議の申し立てが市長にあったため、市長はもう1社増やして、2社の共同企業体で収めたらどうかとの案を出したそうです。しかし、指名審査委員長の助役が、「そんなことは出来ない」と強く言ってくれて、中野工務店単独で受注することができたのです。

戦後、わが家でも住むところがなく、母が3万円で300坪近くの土地を授かった、自称「中野家の奇蹟」から、また何回目かの「中野工務店の奇蹟」が起きたのです。

公共工事の発注には、市の工事指名審査委員会があり、委員長に市川市助役（現・副市長）が就任していましたが、この時の助役と私とは何の関係もなく、ただ地元の若い業者を育ててやろうという意図だったと思います。

昭和56（1981）年、私が49歳の時、大した実績もない駆け出し工務店が10億円近い新設中学校を単独受注できたことは、中野工務店の奇蹟だと思っています。人は笑うかもしれませんが、私の守護神が市川市助役をお遣いになり、中野工務店に福徳をお授け賜ったのだと、真摯に感謝しています。

工務店を仕切り直す

当時の中野工務店は、社員20数名で、年間完成工事高17億前後の、ローカルゼネコンの末席をうろついていましたが、いつの間にか受注先は公共工事と殖産住宅の下請けが主流となり、直接受注の自社物件は年間で、住宅数棟にまで減少しました。

また公共工事は、バブル経済が破綻すると同時に、自治体の箱物行政にも陰りが見え始め、仕事は激減して、公共工事の入札でも、いわゆる「叩き合い」と称する、違法すれすれのダンピングが増えてきていました。

その上に、職人不足と建設資材が高騰し、工期の遅れに悩まされました。この時になって初めて、自分の間違いに気が付きました。調子に乗って、「市川市の建築ご三家」などと煽《おだ》てられ、いっぱしの業者になったつもりの自分が恥ずかしくなりました。

木造住宅以外の、鉄筋コンクリート建築を手掛けるようになって10年近くが経っていましたが、その間、社員と下請け専門業者の育成ができませんでした。寄せ集めの社員と下請け業者で、満足する仕事ができるほど甘くはなかったのです。

当時、私が入会していた社団法人倫理法人会の経営者セミナーが開かれ、そこに参加しました。その時、アサヒ飲料株式会社の中条高徳専務の講話をお聞きしました。中条専務は、もと海軍軍人で、先の太平洋戦争にも参加されたとのことでした。旧海軍には「一極集中作戦」という戦術があり、その作戦で勝利した体験を話されました。

例え話として、「人間の足の裏をハンマーで叩くとき、針のような先のとがったハンマーで叩けば（突き刺せば）痛みは大きいが、平べったいハンマーそのもので叩けば、痛みは感じない」というお話でした。つまり、少数精鋭の戦力で相手を絞り、的を一極に絞って集中することが、勝利の秘訣だという講話でした。

私が、大工職人だった25歳の時、大工を続けるか転職すべきかを、当時、通っていた倫理法人会朝の集いの先生に相談したところ、「中野君の仕事は天命として成功できる仕事だから大工職人になって、誠の家づくりに励みなさい」と言われた言葉が思い出されました。ローカルゼネコンになりたかったのも、会社を大きくしたかったのも、突き詰めれば金儲けがしたかっただけだ、と気が付きました。

間違いに気付いた私は、社員、職人を一から育てて、木造注文住宅の設計施工に注力することを決心しました。市川市、千葉県に工事指名辞退届を提出し、公共工事から手を引きました。

繰り返しになりますが、昭和62（1987）年、中野工務店で大工育成の番匠塾を開塾、平成3（1991）年に入社した長男・中野智之が専務取締役に就任し、設計技術者、現場管理技術者などの充実に努めると共に、殖産住宅施工店を辞退いたしました。

その後、数年は受注に苦労しましたが現在は顧客に恵まれ、社員15人、専属大工17人を養って行ける、充分な仕事に恵まれています。

持続する工務店の論理

昭和30年代、住宅産業の名のもとに、大工工務店の世界に他業種からの参入が相次ぎました。そして、工務店大工の中にも、プレハブ住宅の造作大工、サイディング外装大工、2×4の枠組み大工、中高層マンションの型枠大工、同内装大工など、工事部位別に専門化した、大工クルーが増加してきました。

また、平成時代に普及した機械プレカットによる躯体組立工事に加えて、野地、壁などの羽柄材までもプレカットして取り付け、組立ても請けるようになりました。

さらに、不動産業者がビルダーを名乗って工務店を下請けに使い、分譲住宅を施工し、販売を始めました。マスコミでは、商社とビルダーの区別がつかず、住宅メーカー完工ランキングなどを発表しています。直近の完工高ランキングでは、分譲系メーカーが上位を占めています。

戦前の和風住宅は、南側廊下付き、畳敷き6畳+8畳床の間押し入れ付きの棹縁天井、長押付きというのが定番でした。しかし、現在の住宅プランには、和室押入れ床の間がなくなりました。それに伴って、フローリング、枠材、敷居、鴨居などの造作材が、仕上げ済み直ぐ使いとなり、大工が加工するより、部材の精度が上がりました。

住宅、工務店が多様化してくると、自ずから大工も多様化してきます。工務店には住宅工務店、社寺工務店、数寄屋工務店がありますが、住宅工務店は他業種からの参入が顕著です。設計事務所、建材、木材業、不動産業などが業者登録をして、カスタマーから直接受注するケースが増えてきました。そして、受注できない工務店を下請けにして建築しています。

1970年代に入ると、「便利店舗」と名付けたコンビニエンス・ストアとか、スーパーと称する大型マーケットが登場してきて、街の生鮮品を扱う商店などが撤退させられました。更に、郊外に巨大な駐車場を完備した家具センターとか、大型洋服店までが進出し、街の商店は軒並み廃業に追い込まれました。

そのために、街の商店街は、いわゆるシャッター通りと呼ばれるようになり、人通りの少ない、夜になると街路灯の灯るだけの街に変わってしまいました。

このことは、大工工務店の世界にも言えることで、スーパーならぬ大手ハウスメーカー、住宅販売商社、フランチャイズ・ビルダーなどが跋扈《ばっこ》して、地元大工工務店を追いやりました。このまま、われわれ棟梁型工務店が手を打たなければ、工務店は人材派遣業としての、労務提供業になるしかないと思います。

一般住宅は、住宅部材のユニット化で、従来の技能者としての大工は必要なくなり、入社2年から3年くらいの若手社員が、立派に組立て大工として活用されるでしょう。近未来に、そのような時代が来た時、商社型のビルダーは、デザインと性能をアピールするだけの存在になってしまうかもしれません。

その時こそ、われわれ棟梁型工務店の出番です。日本の伝統的な住宅文化を踏襲し、現代生活にマッチした、単なる住まいを造るのではなく、持続可能な邸宅を造れる職人を育成して、それらの職人をマネージメントできる工務店に変身することができるのか、そこが正念場です。

工務店淘汰からの脱出方法

興信所など企業調査機関の発行する主要企業要覧によると、木造建築業としてかなりの数が記載されていますが、弊社のある人口40数万の市川市だけを見ても、分譲系工務店を除いた主要注文工務店の数は数社しかありません。全国的に見ても、5000社を超えるか超えないくらいの数でしょう。

工務店が、次世代を生き残るにはどうあるべきかを考えた時、次に挙げる施策ができるかどうかに掛かってきました。戦後、私が歩んできた工務店の生き様から導き出した結論です。

持続工務店の意識改革三カ条

（１）カスタマー第一主義の徹底

・顧客が満足する家づくり

・大工、その他職人が満足する報酬を支払う

（２）社員が満足する給料を支払う

（３）会社存続のための経費を頂く

このためには、顧客に媚びることなく、他ではできない災害に強い、安全・安心の住宅建設に徹することを、中野工務店の信条とする。

令和６（２０２４）年元日の午後発生した「能登半島大地震」では、津波と火災が重なり、しかも寒中の大雪に見舞われ、大惨事を引き起こしました。地盤の液状化が起こり、鉄筋コンクリートのビルが倒壊しました。１階も２階も圧し潰された家屋の、屋根瓦に雪が舞う姿を見て、犠牲になった人々を想い、胸が痛みました。

過去の阪神・淡路大地震の教訓から、国を挙げて耐震補強を進めてきましたが、石川県はどのように対処したのか、理解に苦しみます。

中野工務店は、国や業界の耐震補強に疑問を持ち、通し柱仕口の断面欠損を防ぐ「コネクター

金物」を開発し、日本住宅・木材技術センターで強度試験を実施し、Ｓマーク認定を受けました。木造住宅構造表し、工法用接手金物として、また通し柱の中折れ防止接手としては、わが国唯一の金物です。

この金物で耐震補強をするか、1階の柱や壁を増やしておけば、能登地震でも多くの人命が救われたと痛感しています。中野工務店ではこの金物をはじめ、番匠型住宅という、在来工法改良型の独自工法を持っています。

阪神・淡路大震災のときもそうでしたが、「和形の日本瓦が地震には不利だ」との風評が立ちました。社寺建築の中には、日本瓦を撤去し、チタン鋼板で瓦型に成型して葺き替えた寺院もあります。伝統的和風住宅には、銅板か燻し銀瓦が似合います。瓦は優れた葺き材です。

瓦が悪いのではなく、下地が悪いのです。中野工務店の番匠型住宅工法の瓦下地は、従来の小屋垂木の代わりに、12センチ角の半トラス登梁を使い、25ミリ構造用合板を瓦下地に張ります。そして瓦1枚1枚に釘止めをします。

これらの耐震技術を、一工務店のマイナーな技術だと甘く見ないで（バカにしないで）、行政も業界も研究してもらえたらと思います。地震は避けられない天災でも、潰れることが分かっている家に住まわせることは、人災であり、犯罪です。

工務店の持続可能計画の1つが、自社ならではの家づくりとすれば、日本住宅・木材技術センターから合理化住宅として認定された「番匠型住宅」が中野工務店ならではの家づくりです。

持続可能計画の2つ目は、社長を含めた従業員の後継者育成です。特に社長の後継者は、世襲するのが理想ですが、役員の中から第2、第3の社長候補を育てておくことが必要です。そして、子息が「後を継ぎたい」と言うような、魅力ある、そして希望の持てる工務店にすることが当面の課題です。

また、現代で希望の持てる工務店を探すことは、商社型工務店を除いて、棟梁型工務店では難しいと思います。

昔からの言い伝えに「身分相応」という言葉がありますが、住宅づくりにベストを尽くし、欲と見栄を張ってローカルゼネコンなどに手を広げないことです。人材も揃わないのに、公共工事に手を出して失敗した、弊社が良い教訓です。

工務店の倫理「匠道」

私は、自分で大工という職業を選んだのではなく、事の成り行きから大工になりましたが、私が大工の道を歩むようになったのは、偶然の結果ではなく、必然の結果だったと思えるようになりました。その後、いろいろな宗教の教会で、倫理や宗教の勉強をする機会に恵まれたことも、必然の結果でした。

昭和62（1987）年、私が54歳の時、同業の友人に誘われて、世界最高の社会奉仕団体である「日本ロータリークラブ・市川東ロータリークラブ」の会員になりました。その会の「職業奉仕委員会」のメンバーになり、市内中学校に出向いて、「出前教室」と名付けた進路指導と職業についてのアドバイスを行い、毎年、2年生に向けて話をしました。

その時に、いつも話したのは、永六輔が作詞し、中村八大が作曲した、「生きているということは」という歌です。

歌詞は、「人間が生きていくには多くの人たちの働きに助けられている。だから多くの人たちにその借りを返さなければならない」という内容です。加えて、「借りを返す一番の手段は、職業を通じて社会奉仕することだ」と説きました。大人と違って、中学2年生は真剣に話を聞いてくれました。

すると「働くことが社会奉仕になることだということがよく分かった」と、全員からお礼の手紙が届きました。私は最高のボランティア活動ができた、と嬉しくなりました。

しかし、この中学生たちが、高校大学を卒業して社会人になると、そんな古臭い精神論は通じず、給料とか、企業の安定度とか、自分本位の考え方に変わっていくでしょうが、それも当然だと思います。そして、私のようなアナログ昭和人間の時代は終わった、と思うようになりました。

とはいえ、私には若い頃に倫理法人会で学んだ職業倫理の「自分の職業を天職と心得て社会に尽くすのが、人の道としての正しい倫理道徳だ」との教えが身についてしまって離れません。そして、この教えを基に、創業以来自分なりに実践してきた、真の工務店の在り方を「商道」ならぬ「匠道」として、前述した「持続可能工務店三カ条」に二カ条を加えて、全五カ条の匠道として、中野工務店の社是に制定いたしました。

株式会社中野工務店「匠道」

（1）建て主が満足する家づくり
　カスタマーファースト
（2）職人が満足する手間を払う
　能力に見合った工賃の設定
（3）社員が満足する給料を払う
　会社貢献度の見える化
（4）会社が持続する経費を頂く
　適正経費の請求
（5）会社は所得税納税の義務を負う
施主にも請負者にも、不利な仕事はしない。請負者が損をしても施主が得を得れば良し。

以上が中野工務店の「匠道五訓」です。

もちろん、どこかのコピーではありません。中野工務店は2024年6月に、創立65周年を迎えました。

建築請負業は、受注生産型の業種です。従って絶えず「注文が切れたらどうしよう」と、不安が付きまといます。職人を遊ばせないようにと、次の仕事が見つからない時は、困ったときの神頼みとばかり、商売の神様である「神田明神」に願掛け参りをしたりする同業者もおります。

しかし、中野工務店は創業以来、明日やる仕事がない、ということはありませんでした。倫理法人会とか教会で学んだ、利他愛の実践と、島田晴行教主（天心聖教第二世教主）の御訓話から、他を想う心を学ばせていただいてきました。そして顧客、職人、社員を第一に考える「匠道」を社是として制定し、社員全員が心を一つに家づくりに励んできました。その結果、仕事が切れるかも知れないと思うことがあっても、必ず注文を与えていただけました。

中野工務店の専属大工、その他専門職のクルーは、中野工務店の仕事がほとんどです。つまり、中野工務店の仕事がなくなるということは、収入がゼロになるということです。ですから、元請けである工務店は、社員だけでなく、下請けの家族すべてを養う義務があるので、倒産することはできません。また、匠道にあるように、関連業者に満足してもらうことは、工務店の必須義務だと考えます。

先人工務店に学ぶ

私の住んでいた市川市南の家の近くに、戦前からある大浦《だいうら》という棟梁型の工務店があり、昭和25（1950）年頃、大工職人になった私は、わずかの期間でしたが、大工職人としてそこで働いたことがありました。

大工職人上がりの棟梁はかなりの年配でしたが、入母屋《いりもや》瓦葺の立派な住宅に事務所を設け、隣接して大工の下小屋（軸組刻み場、造作下拵え場）や林場（木材置場）などがある、当時では一般的な大工工務店の店構えでした。

この工務店で働いてまず驚いたのは、木材を街の材木屋から購入しないで、深川の木材問屋とか、当時各地に誕生した木材市場などから購入していたことです。

当時の私は、母の知り合いの農家仲間などから頼まれる、木造2階建て10戸建てアパートの建築で忙しく、職人を使うというより、大工になってから知り合った大工職人に手伝ってもらい、やっと注文に応えることができていました。

しかし、自分の下小屋がなかったので、材木屋の下小屋を借りて下拵えをしていました。早く作業所を造り、材木のまとめ買いをして、ストックできるような工務店になりたい、という強い願望がありました。

終戦後すぐに、母が買った土地に、2軒×3軒の家を建て、余った土地に足場丸太を組んで、鉄線で緊結した20坪（66・6㎡）の下小屋を造り、屋根は波形トタンを大工が葺きました。同時に幅3間の林場（木材倉庫）も建てました。檜板を削り、表札屋には「建築業中野栄吉」と書いてもらい道路に面した所に掲げましたが、この時の情景は60年経った今でもよく覚えています。

そして、この作業所の数軒先に、母が親しくしていた白井重雄さんが住んでいました。白井さんは、深川の東京中央木材市場に勤めていたので、市場の問屋を紹介してくれることになり、直接問屋から木材を買うことができるようになりました。ところが市場には、仲買人で組織する買い方組合があり、工務店が市場から直接購入することは禁じる決まりがあって、市場で問題になりました。

この時も、思いがけない天の助けがあり、市場の社長である飯島榮蔵さんに助けてもらいました。飯島社長のご配慮で、千葉県から中野工務店として木材販売業の登録を取ることを条件に、市場の競りに参加できるようになりました。さらに、買い方組合にも入れてもらい、買い方番号の入った帽子をもらいました。木材市場は東京都江東区にあり、毎月3回の競りに参加して競り方を覚えました。

この木材市場の近くに、水澤工務店の本社と製材所がありました、製材所は、道路からよく見えましたので、私は市場の帰りには必ず、秋田杉や木曽檜などの銘木を、大口径の丸太から木取りしている作業を見ることができました。私もいつか、下小屋を改造し、4メートル材を立てられる、天井の高い工場を造ろう、と心に決めていました。

後年、軒高7メートルのデジタル・ミニプレカットラインの工場を造ったのも、建具製作工場を造ったのも、図らずも水澤工務店の工場を見学したことがキッカケでした。

水澤工務店は山梨支店を持ち、総合建設ゼネコンやローカルゼネコンを除けば、年完工高平均100億を上げる、文字通り日本一の建築業者です。

創立者・水澤文次郎（1900~1980年）氏は、棟梁として大正3（1914）年、東京虎ノ門で建築請負業として水澤工務店を設立しました。昔から大工棟梁の仕事は、優れた大工職人を始め、左官職、建具職など、専門職種を配下に収めてマネージメントするのが全てでした。水澤棟梁自身、大工として優れた技能を持っていたので、優秀な職人集団を集めることができたのです。この優れた職人集団に目を付けたのが、現代和風住宅の設計をする建築家たちでした。

後には、文化勲章を受章した、吉田五十八（1894~1974年）氏を始めとして、多くの建築家の設計した仕事を手掛けるようになりました。

そしていつしか、関東における超高級住宅の建築は、「設計は建築家、施工は水澤工務店」と言われるようになり、高級料亭や文化人、著名人、芸術家、芸能人たちが邸宅を造る時の、定番となりました。

私たち地域工務店が、水澤工務店から学んだことは、棟梁型工務店としての、創業時の水澤文次郎社長の経営理念です。それは「優れた職人を大事に育てて協力をしてもらう」という考え方です。水澤工務店では、「下請け業者」という言葉は使いません。各専門業者のことを「連業者」と呼びます。

従って、下請け業者会議は、「連業者会議」と呼びます。協力してくれる関連業者としての呼称だと思いますが、そこには元請けも下請けもなく、オールパートナーだという「水澤イズム」を感じます。水澤工務店が設計家に好かれる要因は、大工職人を始めとする専門業者が一体となって、他社に劣らない仕事をするからだと理解できます。

水澤棟梁の残した、水澤工務店の教えとして伝えられる次の三カ条は、われわれ工務店、そして職人1人ひとりが、先人から学ぶ住宅職人の心構えです。

【水澤工務店の特長】

良い仕事をするには優れた職人の協力なくしてはできない。

立派な仕事をして得た者はお金ではなく、信用でなければならない。

最も大切なことは、仕事に対するひたむきな姿勢とお客様への誠心誠意の努力である。

（水澤工務店ホームページより）

水澤文次郎氏に育てられ、その教えを受け継ぎ遵守して、従業員職人が組織されてきた水澤工務店には、持続可能な工務店として、学ぶところが多くあります。

中野工務店の大工育成

千葉県野田市にあるキッコーマン醤油株式会社は、江戸時代から続く世界的に有名な会社ですが、その会社の創業に携わった、高梨家の資料館が高梨邸の敷地内にあります。その資料館の整備工事を、東京の水澤工務店が請け負いました。その資料館は、観光ツアーコースにあり、大型バスが発着する広いヤードがあります。

そこに、観客用のトイレを造ることになり、弊社中野工務店に設備工事を除いた建築工事を発注してくれました。後に聞いた話では、「中野工務店には腕の良い大工がいるから」との理由でした。トイレといっても真壁小屋現しの、米松ピーラー材を使った、かなりグレードの高い建物でした。

また、この工事を請ける数年前にも、水澤工務店の設計部長とか、工事部所長の自宅を造らせてもらってきました。このようなことから、中野工務店の大工力が設計事務所にも認められ、弊社受注の40％くらいが、設計事務所からの仕事になりました

前述したように、昭和62（１９８７）年、私塾「番匠塾」を設立、大工育成に励んできました

後日、モック株式会社の芝社長が弊社を訪問され、「中野工務店が木造現し構造用に開発して、日本住宅・木材技術センターから継手金物Ｓマークに認定された、番匠コネクター金物をぜひ使用したい」と申し出がありました。そして、プレカットラインに組み込む、コンピュータソフトの開発を、ネットイーグル社に頼んでくれました。ネットイーグルさんは、「ソフト制作費用は、金物メーカーが負担するのが決まりだ」と言っていましたが、榎本社長は開発費用の半分を持ってくれたので助かりました。

昭和45（１９７０）年頃、弊社中野工務店は、住宅割賦販売の大手メーカーである殖産住宅相互株式会社の施工協力店として、施工業者で作っていた殖産工友会の資材部長を、私が務めておりました。そこでは、首都圏工務店の資材の一括購入をしていましたので、首都圏の木材商社とは付き合いがあり、輸入木材の値決めなどを毎月、行っていました。

ある日、中野工務店に東京都中央区の江間忠木材株式会社の営業社員が訪問されました。弊社が輸入木材をバンドル（梱包材）買いすると聞いて、営業に来社したとのことでした。輸入した木材数バンドルの売れ残りがあるので、倉庫の借り入れ期限内に処分したいということでした。リーズナブル価格でしたので、購入しました。

その後、千葉港とか川崎港とか、輸入材を見にいっては購入するようになり、商社とダイレクトに木材を購入することができました。同時に、江間忠木材の傍系に「関東ソレックス」というプレカット工場が茨城県鹿島に在ることを知り、構造材プレカットも江間忠グループに発注するようになりました。

また、江間忠木材のリテール事業部（小口事業部）の菅野部長から、「工務店に直接、建材木材をリーズナブルな価格で2、3年供給したいので、どのような販路を構築したらよいか」という打診がありましたので、江間忠グループの愛知県蒲郡市にある江間忠ウッドベース蒲郡工場で開かれた、設立検討会議に工務店として参加しました。

私は、かねてから木材小売り店の改革を提唱してきましたので、持論として、住宅建材スーパーの設立を木材市場などに呼びかけてきました。当日は、木材問屋、プレカット工場経営者など、大勢の前でスピーチをさせてもらいました。

注文戸建て住宅は、建築現場が散在しており、建材の運送コストの割合が、製品そのものの価格を押し上げています。その上に、工務店のアナログ施工管理が、建材店の合理的配送費のダウンを邪魔しています。

建材スーパーには、木材建材のみならず、サッシガラス店、鋼板屋根店、左官材料店、内装店、外装店、住宅機器店などが出店し、工務店とこれらの建材店がシステム化した情報をネットで繋ぎ、現場へ配送するようにします。こうすれば、2トントラックにクーラー1台しか載っていない、現在の状態が改善されます。

この、建材店の総合スーパー案は、時期尚早なのか、何か問題があるのか、江間忠さんでも他社のメーカーさんからも賛同の声は挙がりませんでした。しかし将来、建材の部品化が進んでくると、否応なしに私の合理化案が必要となるでしょう。

令和元（2019）年の、東北地震の津波被害を受け、関東ソレックスは2020年、鹿島工場を建て替えることになりました。その時も、工場事務所を設計施工で弊社に発注していただきました。江間忠さんは傍系に、大規模木造建築ではビッグな建設会社もあるのに、小さな地域工務店の弊社に任せていただいたことは、感謝するのみです。

第７章

利他愛の実践

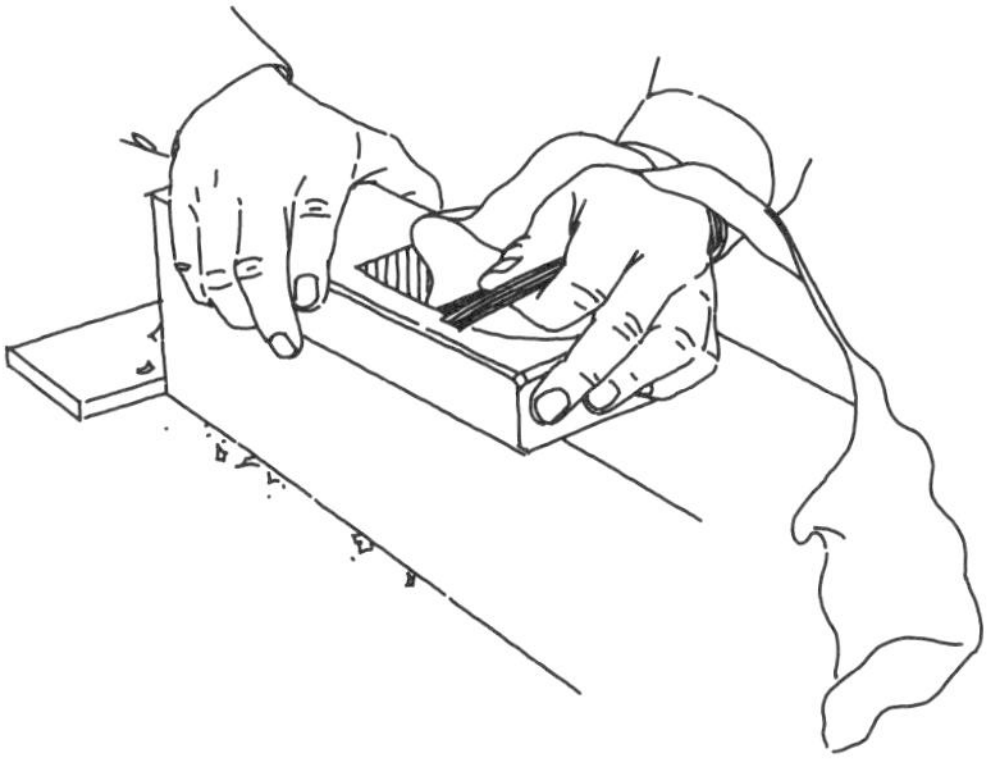

現場職人の祈り

私が小学校に上がってから育った家は、地主が小作人から徴収した年貢米を保存しておく倉庫を三軒長屋に改造した、貸し住宅の端の、8畳と4畳半の2間の部屋がある住宅でした。私が物心がついた頃の家賃は、月5円だったと記憶しています。

私が小学校に上がるか上がらないかの時に、中気で倒れた父・倉造が、8畳の万年床に寝ていました。一方の4畳半には堀り炬燵があり、冬に冷たい風の吹く頃は、母が炒ってくれた大豆に砂糖をまぶしたおやつを食べながら、友だちから借りた『少年倶楽部』を読むのが、私の至福のひと時でした。

その頃のわが家の家財道具と言えば、古びた箪笥と、「ねずみ入らず」と言っていた食器棚があるだけでした。しかし、3尺幅の神棚と、小さな仏壇が箪笥の上に載っていました。母は毎朝、神棚にお水を上げ、1日と15日にはお榊《さかき》を取り替えました。

神棚には、町内の氏神様から毎年、年の暮れにいただく天照大御神のお札がお祀《まつ》りしてありました。また仏壇には、毎朝、炊き立てのご飯と淹れたてのお茶を供えます。また季節の果物なども一緒に供えることが、古くからのしきたりでした。

家が貧しかったので、毎回、お供え物を上げることは無理でしたが、よそからの頂きものがあった場合は、必ず自分たちが手を付ける前に、御先祖様にお供えしました。
労災保険などまだできていなかった戦前では、危険な高所作業をする大工職人にとっては、神仏に無事を祈願することが、家族を守るための唯一の方策でした。そこで毎朝、仕事に出る前、神にお祈りすることが、大工職人の1日のスタートでした。

建築工事には、工事進捗に伴い、神主を頼み、いくつかの儀式が行われます。基礎工事にかかる前には、敷地のお浄めを行う「地鎮祭」に始まり、建物躯体の組み立て完了時には上棟式があり、完成までの職方の息災をお祈りします。

これらの儀式は、顧客の希望で「神道式」「仏式」「キリスト教式」とありますが、敷地のお浄めと、工事に関わる職人の工事安全を神に祈るプロセスのひとつです。

住宅を造る人の中には、「私は無神論者だから、地鎮祭は必要ない」などと言う人がたまにいますが、その人は何か勘違いをしているようです。

われわれ人間は、神に関わらずに生きていくことはできない、と私は信じています。人間も動物も植物も、「宇宙神」と呼ばれる神が、この世に現したものだと理解しています。

キリスト教の信者は、この創造主を、主《しゅ》とお呼びしますが、私も主と呼ばれる神の存在を、一神教とか多神教とかは別にして否定する者ではありません。

家づくりの先人が、永い伝統の中に培ってきた工事中の儀式を踏襲し、これからも工事の安全を神に祈る儀式を守って行きます。

棟梁と太子講信仰

6世紀の半ば、聖徳太子の時代に日本に仏教が伝来しました。その仏教を神道と並んで国是とすべく、これを広めるために、最初に建立した四天王寺の造営において、大陸から招いた工匠を頭に、大工職人を育成したことが『天王寺聖徳太子御伝大工三段』という書物に残っています。縄文時代の三内丸山遺跡の、復元掘立小屋以来、さらに進歩して伊勢神宮の天地神命造りの建築を造営してきた、日本の建築技術には驚きを禁じ得ません。

また、聖徳太子と併せて、大陸から渡来して帰化し、日本人に大工技術を伝えた渡来人の功績も素晴らしく、世界最古の法隆寺の写真を見るたびに、感慨深いものがあります。

そして、大陸の堂宮建築を進化させて、現在にまで残る社寺建築を造った大工たちを育て、世界最古の法隆寺を現代に残した聖徳太子を崇めるとともに、後生の職人が神として、畏敬崇拝したことが理解できます。

聖徳太子は、造宮大工を始め、一般の大工や、建築に関わる全ての職人にとって信仰の対象でした。

古代の律令制時代、木工寮という役所の中心は「木工《もく》」と呼ばれていましたが、それらの長を指す言葉として「大工」という言葉が生まれました。また中世後期になると、大工のなかで神社仏閣を手掛ける大工を「寺社番匠」とも呼ぶようになり、木工技術者の指導者として、「棟梁大工」という言葉も生まれました。

曲尺を捧持した太子像

律令制国家体制が終わり中世になると、有力社寺などの荘園領主が、建築などの技術者を支配下に置くようになりました。そして、大工棟梁を中心にした「座《ざ》」とか「職《しょく》」と呼ばれる新しい制度が生まれました。

さらに、仏教の導入に力を注いだ聖徳太子が、仏堂建築の最初の技術を導入したことに、わが国の大工の祖神として太子を祀る職人たちの、「講《こう》」も各地に生まれました。それは昭和時代の戦前まで続き、聖徳太子の命日には、太子の影像や肖像を祀り、多くの職人によって「太子講」が営まれてきました。

私が見習大工として徒弟していた、戦後の昭和21（1946）年頃にも、町の氏神神社に職人が集まり、毎月、太子講を開いていました。この頃の集まりは、江戸時代の和算の勉強とか、壷かね（規矩術）の習得とかに代わって、職人手間の調整とか、顧客情報とかが主となり、談合が終わってからの飲食がメインの親睦会でした。

工務店が所属する協同組合は、全建連、全建総連、全国工務店協会などがありますが、情報交換を主とする工務店社長の、市単位の集まりはありません。私は工務店経営65年の経験から、工務店同士が情報交換と親睦を図る、太子講のような集いが必要だと感じてきました。

現在、目標を失った工務店にとって、相互扶助になる集いを作ろうと、同じエリアの工務店に声を掛けるのですが、あまり話に乗ってこないのが実情です。

私の社会奉仕

昭和39（1964）年には、東海道新幹線が東京から京都までを3時間足らずで走る時代になっていました。私も大工という自分の職業に迷いながらも、一人前の職人として手間の取れる職人になれました。

日本経済が高度成長の軌道を走り始めると、私の小学校時代の同級生たちの、サラリーマンとしての給料は、私が稼ぐ大工手間の半分くらいでした。

私が13歳で大工の小僧になり、21歳で一人前の大工手間を稼げる額と、23歳で大学4年を卒業して就職し、給料をもらう同級生とでは、差の出るのは当たり前でした。大工職人の世界とは、仕事を早く正確にこなせることで、報酬額が決まる世界だったからです。

年功序列に関係なく、能率給で手間賃が決められていましたので、仕事さえできれば年齢に関係なく稼ぐことができる世界であることは、今でも変わりありません。

しかし、大相撲の力士や芸能人と同じように、身体が資本と言われ、事故や病気には、会社員と違って、人一倍の神経を使いました。そのためもあり、無病息災の祈りを捧げることが、欠かせない日々となりました。仕事や健康について、いくら摂生、努力をしても、己れの至らざるところを神に助けてもらうという信条が祈りとなって、実践するようになりました。神への所願成就を祈るといっても、「良き方向へとお導き下さい」というのが、本当の神への祈りです。

ＴＢＳテレビの「サンデーモーニング」でスポーツ番組を見ていたら、先の北京オリンピックで、兄妹で金メダルを取った、柔道の阿部一二三、阿部詩の兄妹が、次回パリ・オリンピックの出場選抜試合に際して、優勝を祈願して、兄妹そろって神社に参拝する姿が映りました。優れた素質を持った阿部兄妹でも、己れが持つ力を１００％出せるようにと神に祈る姿に、人間の神性を見ました。まして、われわれ凡人が神に縋《すが》って生きることは、生活の常識です。

私の、母への親孝行から始まった天理教から、そして真言宗豊山派根本寺責任役員、世界平和を祈る会白光真宏会、社会教育団体の倫理研究所東部青年連合会会長、同・全国青年連合会副会長、千葉県倫理法人会副会長、市川東ロータリークラブ会長、市川商工会議所常議員総務委員長、商工調定士、日本建築学会技術技能教育小委員会委員などを経験して、宗教と経営、建築技術と生活倫理を学びました。

企業理念「匠道」

そして、これらの勉強を知識や学問としてではなく、すべてを自分で実践し、検証してきました。そして、どの宗教にも通じる中野工務店「匠道」を社是として、後継者に継承することができました。

また、この中野工務店「匠道」の実践をケーススタディとして、千葉県倫理法人会副会長時代には、倫理研究所から「全国レクチャラー」を命じられ、北は北海道から、南は沖縄まで出張して、各県法人会で、「企業体験報告」と題してスピーチをさせてもらいました。

さらに、市川東ロータリークラブの次期会長の時には、韓国ソウル東ロータリークラブと、市川東ロータリークラブとの「姉妹クラブ締結20周年祝賀式」に招待されて、通訳付きのスピーチを初めて体験しました。

私の人生を助けていただいた多くの人たちとのご縁で、宗教、社会教育、社会奉仕の団体に巡り合うことができました。そしてどの会でも、宗教の教えを学ぶことができたのは、私の信仰の功徳と感謝しています。

宗教法人白光真宏会教祖・五井昌久先生から、昔教わった教えに、「人間は本来神の分霊であって、業生ではなくつねに守護霊、守護神によって守られているものである」という教えがありました。私の守護霊、守護神が、もし私、中野栄吉の人生シナリオを書いてくれていたとしたら、学歴は小学校尋常科卒で、早く稼げる大工にして、学問は多くの宗教団体や社会奉仕団体で学ばせ実践をさせるという内容だったと思います、いずれにしても、これは、天の配剤か、先祖霊の助縁かを考えて、今も感謝することがあります。

また学校では、飛び越し進級という制度があるそうですが、私は小学校卒で大学卒相当の学力（数学と語学を除いて）と実力を得ることができました。詭弁ですが、「高校・大学と、7年間の授業時間が浮いて、定命を延ばせた」と屁理屈を言っています。

それはともかく、数学と語学を別にすれば、大工技能を覚えながら、高校・大学で履修しなければならなかった基本必須科目は全部、倫理法人会とか各宗教の研修会でマスターすることができたのです。とくに宗教学では、大学とは違う実践宗教を身につけることができたと思っています。

利他愛の実践と他を思う心

宗教法人白光真宏会世界平和を祈る会会長、社団法人世界平和祈念財団の西園寺昌美会長が、令和3（2021）年2月号の同会機関紙に、「神性と利他愛」と題した法話を寄稿されましたので、それを拝読させていただきました。また、宗教法人天心聖教の第二世教主、島田晴行先生の、「他を思う心」という訓話を、天心会例祭で拝聴いたしました。

西園寺昌美氏は、琉球王朝の子孫・尚誠氏の長女として生まれました。学習院女子短期大学を卒業後、生死の一線を越える体験を通して、白光真宏会初代会長・五井昌久氏提唱の、世界平和運動に身を投じ、のちに五井氏の養女となります。ミシガン州立大学、スタンフォード大学にて勉学。

昭和49（1974）年、明治の元勲・西園寺公望公の曾孫・裕夫氏と結婚。現在、「ワールド・ピース・プレヤー・ソサエティ」代表、白光真宏会二代会長として、「世界人類が平和でありますように」という世界平和への祈りを、国内、国外にひろく展開し、高い国際的評価を得ています。（西園寺昌美著『もっともっと、幸せに』河出書房新社より）

中野工務店は、昭和45（1970）年に白光真宏会迎賓館「晃修庵《いくしゅうあん》」を設計・施工させていただきましたが、その後、五井昌美邸（西園寺昌美邸）を、私の設計で建築しました。この建物は私の生涯を通じて3本の指に数えられる建物で、現在も白光真宏会の関係の方がお住まいになっています。

市川市にあった「白光真宏会世界平和を祈る会」は、富士宮市の富士山山麓に膨大な土地を取得して、市川市から本部を移転し、「富士聖地」と称する野外道場で世界平和の祈りを行っております。月1回の行事には、全国からバスで会員が集まります。私も、市川市に同会の本部のあった聖ケ丘道場の建築をやらせてもらったご縁で、本部が富士宮市に移転した時から富士聖地に通い、世界平和の祈りに参加させていただいてきました。

しかし、朝早くから出かけることが困難になり、75歳の時に行事参加を辞退いたしました。その後は、同会の世界的な組織である「世界平和祈念財団」の賛助会員になりましたが、91歳の時、退会しました。

その頃の友人だった同会の役員たちは、同会の不動産などについて、今でも中野工務店に相談に来社されます。弊社社員も、昔の恩返しだと、親切に対応してくれるので嬉しく思います。

また昨年、市川市倫理法人会の創立35周年の記念式典が開かれましたが、その時も、創立時の会長として基調講演を頼まれました。私は現役ではないからと、一応お断りしましたが、役員たちがどうしてもと言うので、1時間くらい、私の実践報告として宗教と倫理の話をさせてもらいました。立ちっぱなしで、1時間持つかなと心配しましたが、無事に終わることができました。

世界平和を祈る会でも、倫理法人会でも、老人で時代遅れの私を頼ってくれる会員がいることがありがたく、神に感謝しています。

宗教の教えでも、倫理の実践でも、日常の生活のなかで、人や万物に関わって、祈りと感謝の実践行が全てだと思います。

神への信仰を考えてみると、宗教学者が言う「宗教学はグローバル時代の必須教養だ」というような高尚な教えではなく、もっと分かりやすい、誰でも実践できる日常の心構えが大切だと思います。

「他人の心配どころではない」という批判

宗教法人天心聖教の第二世教主・島田晴行先生の説く、「他を思う心」と、宗教法人白光真宏会・西園寺昌美会長の「利他愛に生きる」思想が、信仰人の基本理念です。中野工務店「匠道」は、この教えの実践を五カ条にまとめたものです。宗派を越えて、仏教徒でもキリスト教徒でも新興宗教徒でも、誰でも抵抗なく実践できる菩薩行です。天心聖教・島田晴一初代教祖が、神から賜った「宗教改革によって、世界平和を実現せよ」の実現に向けて、教会同士が力を合わせ、神の描いた理想の世界が生まれることを夢見ています。

他を思わず、自分の欲望や業生《ごうしょう》のみで人殺しをしている、ユダヤ教やイスラム教の指導者は、何を考えているのか理解に苦しみます。

世界人類の平和は無理でも、日本国だけは中立精神で、戦争に巻き込まれないためにも、利他愛の精神を全国民が遵守すべきだと思います。老人の私が、青臭い愚論を曝《さら》け出すつもりはありませんが、世界平和を祈ることが信仰者としての務めだと思っています。

また、他人の心配どころではない、という巷の声も聞こえてきます。もちろん、現世利益追求だけの、自分や家族の無病息災、商売繁盛、家内円満などを祈っては駄目だと言うのではなく、世界平和を祈る会会長の西園寺昌美先生が言われる「利他愛の実践」と、感謝を神に祈ることが信仰の基本だと思います。

宗教の教えでは、「現世で幸福になれなかったら、来世（あの世）でも幸せになれない」と教えられています。

中野工務店として、多くの顧客に喜びの住まいを提供し、ご満足をいただいてきましたが、その顧客の照り返しを受けて、中野工務店を立ち上げた私、中野栄吉は、幸福な晩年を送らせていただいております。

私は理屈抜きにして、神の導きをいただき、残された晩年を喜びの人生で全うすることができると信じているのです。

夭折した兄の助縁

宗教法人白光真宏会の教義では、「人間は、守護神、守護霊に守られて生きている」と教えられています。

また天心聖教の教えの中でも、「私たちの先祖の霊が霊界から守護霊となって子孫を守護してくれることがあるので、先祖に対して助縁の供養を絶やしてはならない」と教えられてきました。

そう教えられましたが、天界とか霊界とかの存在が観念的には理解できても、確信しているかというと、否定も肯定もできない自分を恥ずかしく思うことがあります。

私には、母が後妻で来た中野家に、亡くなった先妻の子として、兄2人、姉1人の3人がいました。私が昭和7年に生まれて、物心の付いた頃には、兄たちは小学校高等科を終えて、みんな住み込みで働くようになり、家を出て行きました。

兄姉の中で、昭和3（1928）年1月生まれの兄・中野昇は、わが家と近い船橋市にあった日本化成という会社に徴用されていました。休日にはよく遊びに来ていたので、いろいろ話すことができました。

昭和16（1941）年12月に始まった太平洋戦争も、昭和20（1945）年8月に、日本の敗戦で終結しました。戦後、兄・昇は、千葉県一宮に工場疎開していた伯父の螺子工場に、工員として働くことになりました。そして、中国延安から引き揚げてきた、日本共産党の徳田球一、野坂参三らの率いる日本共産党に入党しました。

兄は学生時代から文章を書くのが好きで、将来作家になるのが夢でした。そして、左翼系のプロレタリア文学の作家に師事して勉強をしていましたが、母親と同じ結核にかかり、19歳で夭折しました。遺品として残された日記を読むと、作家になるという希望が強く、努力一筋の青春を送っていたことがよく分かります。

B5判のノートにペン字で書かれた日記は、インクの色も褪せて読みにくいところもありましたが、その1ページを引用させてもらいます。

中野昇の日記（原文のまま）

１９４６年6月27日（木曜日）

朝六時頃目が覚めた。日中はナットのタップ通し、別に特記すべき事も無し、二時頃使ひに出される。

原、東浪見迄。

半田先生の許を訪ふ、ステッキの件大変喜んで下さった。この間の「感想」の批評を頂いた。箇条書きにすると、

句読点、字遣ひに気を付ける事

文字を丁寧にする事

描写を正確にする事、等である。

それから私の文章を賞めて下さったし、要は勉強次第だが、作家として立てる素質を充分認めて下すった。

党員として一生懸命思想を把握する事、またこれからの作家は、勤労階級から出る事を強調された。

「文芸首都」へ投稿して新人として、文壇へ出る事を示された。半田、上田、芝本等の方々も

「文芸首都」を登竜門とし「芥川賞」を取ったそうだ。
私も実力が付けば、半田先生が同人に推挙して下さるそうだし一心不乱に勉強する覚悟だ。
半田義之先生に感謝する。

中野昇の日記、以上

兄の影響で読書好きに

私は、この舁兄とは一緒に遊んだ記憶はあまりありません。私と舁兄とは齢が5歳近く離れていたので、私が小学校に入学したときには兄は卒業していて、船橋の軍需工場で働いていました。休日に家に帰ってくる時も、いつも本を持っていました。

そして、これを読めと私に本をくれましたが、私には難しくて、読んでも分かりませんでした。ほとんどの著者の名は忘れましたが、その中に三木清の『人生論ノート』がありました。数年経って読み返してみましたが、哲学の本であることだけは分かりました。『人生論ノート』はあまり理解できませんでしたが、それ以来、私は本を読むのが好きになりました。

仏教でもキリスト教でも、宗教の世界では人間の霊魂は不滅で、人間の肉体はなくなっても、来世として霊界があり、そこに神に選ばれたわれわれの先祖がいて、縁のある子孫を助ける役目を持った守護霊として存在している、と教えられています。

私が帰依している天心聖教でも、霊界には現世で悟りを開いた仏が守護霊となり、そこには子孫の助縁をする仏がいることを、教えていただきました。

数年前に、中野工務店の慰安旅行で伊豆の温泉旅館に泊まり、息子の社長と同室になりました。朝起きると、息子から「鼾《いびき》がうるさかったが、それよりも時々、呼吸が止まるので医者に行け」と言われました。

鼾はいつもかくので別に気にもしていませんでしたが、あまり息子が言うので呼吸器内科で診てもらうために検査入院をしました。検査の結果、病名は「睡眠時無呼吸症候群」と診断されました。わが国では4人に1人がこの病気だそうです。

そこで、CPAP(シーパップ)療法を受けています。数年前から、夜寝るときには物々しいマスクを付けて、機械的に空気を吸入しています。最初は煩わしかったのですが、最近は安眠ができて、朝の目覚めがすっきりします。素人の想像ですが、脳に酸素が充分に回り、思考力が活発になったような気がします。

最近私は、夜12時頃までテレビを見てしまうので、朝7時に目覚し時計が鳴るまで寝てしまいます。平均睡眠時間は7時間くらいです。毎日が日曜日なので、床に入るのが遅くなった時などは、9時過ぎまで寝てしまうことも多々あります。老人の特権ですが、昔の修身にある「早寝早起き」の教えが、ときどき邪魔をします。また、目が覚めても床を離れず、30分から1時間くらい、床の中で考え事をするのが習慣になってしまいました。

現在、執筆しているこの本も、兄・中野舁が守護霊として私を助けてくれているということが、はっきりと分かりました。

作家になるという夢も叶わず夭折した兄・昇の供養に、遺品として残された創作原稿を印刷し、せめてもの供養としたいと思いましたが、ワラ半紙に書かれた原稿の半分近くは、インクが消えているので判読ができず、諦めました。この本が出版できたら、兄・昇にとっての何よりの供養になると思います。

そして、晩年を送る私にとって何よりも嬉しいことは、観念として理解していた霊魂不滅の思想が、兄・中野舁からの守護霊の助縁を受けて、霊魂不滅が実感として信じられるようになれたこと、そして守護神、守護霊に感謝できることです。

心と身体の保養の宿「龍氣旅館」

昭和48（1973）年、工場と田圃の町だったわが家のある市川南の街並みも、JR総武線は複々線高架になり、工場跡地はマンションになりました。そして農地は小住宅用に宅地転用され、建売住宅へと変わりました。

その頃、母は農家友だちから、「畑を60坪（約２００㎡）、中野工務店で買ってくれ」と言われたそうです。私は創業以来、不動産には手を出さない方針でしたので、「うちは不動産屋ではないので」と断りました。

するとその場にいた母が、「わが家の隣にある中野荘アパートに若い夫婦が住んでいるけれど、子どもさんが大きくなり６畳１間では狭くなってきたので、中野工務店で家を建てたらどうだろう」と言ってきました。中野工務店は注文住宅専門の工務店でしたので、建売住宅は造らず、中野工務店でこの60坪を購入し、30坪ずつ２分割しました。

母はうちのアパートの借家人である上遠野《かとうの》さんと、その隣に住む若いご夫婦２所帯にも建築を勧めてくれたので、中野工務店は一度に２軒の成約ができました。

資金についても、中野工務店が銀行を紹介し、私がローンの保証人になりました。これらの経緯から、「わが家ができたのは中野さんのお陰だ」と未だに喜ばれています。

その後、上遠野さんは住居を建て替えて美容院を併設しましたが、この建築も中野工務店で請け負わせてもらいました。

私は50歳の頃から、毎年１泊の人間ドックの検診を受けていましたが、毎年のようにポリープが見つかり、切開手術を繰り返していました。そのことを私の家内が上遠野さんに話したところ、「新潟県南魚沼市の六日町温泉に薬石風呂という温熱波動療法があるので、入浴してみませんか」

心と癒しの宿 六日町温泉「龍氣」

と勧められました。上遠野さん自身も、薬石風呂の入浴を続けたお陰で更年期障害を乗りこえて、健康を取り戻したとのことでした。

この薬石風呂は、15種類の薬石が発する遠赤外線温熱が身体の深部に働きかける、世界で初めての温熱波動療法です。秋田県の玉川温泉は岩盤浴で有名ですが、六日町温泉の心と体の保養の宿「龍氣旅館」の薬石風呂も有名です。この薬石風呂が岩盤浴と違うのは、15種類の薬石を床に敷き並べ、その上に体を横たえて43度の温熱とミストとともに遠赤外線を浴びる、乾式入浴療法です。

数分入浴した後、休憩をはさんで3回くらい入浴すると、脂汗が噴き出てきて、体内から老廃物を出させて新陳代謝を促し、サウナ風呂に入ったように体が軽くなります。私は上遠野さんからの紹介が機縁となって、現在でも定期的に入浴を続けています。

今年（2024年）6月に亀田クリニックから、「毎年受けている人間ドックの会員を退会して、特別会員に移るように」と知らせが届きました。後期高齢者の検査は、欧米でも中止されたとのことでした。

上遠野さんからは、「中野さんは家を建てるときにお世話になったから恩返ししたい」と言って、薬石風呂の他にも、乳酸菌酵素とか、健康食品を紹介していただきました。そんな上遠野さんのお陰で、満92歳になった現在でも、人の介護も受けずになんとか無事に過ごさせていただいています。


私は数年前から、この温泉に治療に訪れていましたが、昨年、友人と薬石風呂に入浴して、夕食後、コーヒーを飲んでおりましたら、私の隣りにいたお仲間と雑談中のご婦人が、「失礼ですが、ちょっと中野さんの手相を見せてくれませんか？」と言ってきました。なんだろうと思いながら右手を差し出すと、しばらくして真面目な顔で「あなたは多数の守護霊に助けられる、生まれながらの運勢を持っている珍しい相の持ち主です。今まで助けられた人たちへの報恩感謝を忘れずに晩年を生きれば、喜びの人生が送れますよ」と言ってくれました。

私は、易学とか手相鑑定とかには特別な興味を持っていませんが、このように言われてみると、深く考えさせられました。

自分でも、今まで歩んできた道を振り返ると、いつも私の仕事を助けていただき、指導してくれた多くの人たちが思い出されます。私は、その御恩を忘れたわけではありませんが、心の中で感謝するだけで、お世話になった方々を始め、社会に対しても報恩の行動は足りていなかったことに気付きました。私の人生も残り少なくなってきましたが、中野工務店のこれからの後継者が、中野栄吉の報恩感謝の不足分を補ってくれると信じています。

市川小学校同窓3人90歳仲間

私には、ありがたいことに、小学校の同級生ですが、介護も受けずに元気で暮らす2人の友がおります。コロナ感染症騒動で永らく会えずにおりましたが、先日、4年ぶりにディナーを共にし、2時間ほど話ができました。

杉並に住んでいるH君は、一橋大学を出てから三菱電機に入り、営業社員として北米から、東南アジアなど海外で活躍、国内に戻ってからは、長岡工場などで再活躍してきました。父君は、東京大学理工学部の教授で、電気工学の本を数冊刊行しています。

もう一人のS君は、父親が九州鹿児島の出身で、首都圏を走る京成電鉄に入社し、市川に居を構えました。

昭和14（1939）年、私とH君、S君は、小学校（当時は国民学校）の6年間を共に学びました。卒業した年の昭和20年3月には、授業中に空襲警報が鳴り、教室の天井から屋根を貫いた高射砲弾丸の破片が、机の上に突き刺さりました。

当然、われわれには卒業式などはありませんでした。S君は中央大学を卒業し、日新海上火災に入社、各地の支店長を歴任して、最終的には子会社の社長まで務めました。

この3名以外にも、80歳くらいまでは数人との付き合いがありましたが、現在では会って食事を共にできるのは、この2名だけになってしまいました。

お互いに介護は受けておりませんが、S君には視力障害があり、交通運賃とか高速道路料金は、障害者割引が受けられます。博物館などの入場料なども、割引料金が適用されますので、同行する私などは、付添い者として割引料金で入館できます。そこで、いつも私が付添い者になっています。

「社」移転の顛末

市川小学校同窓生2名のほかに、市川市須和田に住む、村田忠夫、百合子夫妻がおります。今年（令和6年）3月に逝去されたご主人の村田忠夫さんも、市川市倫理法人会の会員として、私とは深いご縁のある友人です。村田さんはいつも、奥様の百合子さんと一緒に行動され、朝起き会もいつもご一緒でした。

村田さんは、ご尊父が海軍軍人で、太平洋戦争中は、いくつもの海戦に指揮官として従軍した海軍将校でした。村田さんは戦後、イエズス会の設立した横浜の栄光学園に進学、そして一橋大学商学部を卒業して、三菱商事に入社しました。その後は、三菱商事を昭和62（1987）年に退社し、経営コンサルタント会社を開業しました。

市川倫理法人会の会長を務めていた私は、村田さんを座長に頼み、毎月1回、市川講座と名付けた経営の勉強会を開いてきました。その講座のスピーカーとして、商工省、通産審議官、日銀政策委員などを務めた小島慶三先生を、村田さんが講師に頼み、小島先生の著書である『人間復興の経済学』（銀座屋出版）をテキストに、勉強会を開いていました。

平成4（1992）年頃、小島先生の小島塾が山梨県で開かれることになり、私も村田忠夫さんと参加しました。講演会が終わり夕食後の懇談の時に、そこの土地の人から「町内に祀ってあった小さな社《やしろ》が朽ち果てたので、何とか再建したい」との話が出ました。

そこで、村田さんがどうしたらよいかと話を私に振ってきましたので、「小さなお稲荷さん程度の社なら、廉価でできる」と言いましたら、みなさんから「中野さんに頼んで造ってもらおう」という話になりました。

村田さんはじめ、小島塾の人たちの懇願があまりにも熱心だったので、中野工務店で造ることにしました。市川から軽トラックに社《やしろ》を積み、山梨県富士吉田市忍野の農道の脇に残っていた、古い社の基礎に据え付けました。土地の神社から神官が来て、鎮座祭を行いました。土地の人たちからは、大変喜ばれました。

そして後になって、私の勘違いに気付きました。建築費用は有志の寄付を充当し、残りの不足分を中野工務店で負担するものだと思っていましたが、土地の人たちは、中野工務店の寄進だと思っていたことが発覚したのです。もし最初から、「中野さん、何かのご縁ですから社を寄付してください」と言われたとしても、私の見栄っ張り根性が出てきて、喜んで引き受けたと思います。

数年後、忍野八海にツアーの途中、社が台風で飛ばされていないかと見に行ったら、きちんと鎮座しており、お花が供えてありました。考えてみると、見ず知らずの土地に、町の住人が信仰する神様の社を造らせてもらえたということは、私の守護神が、この土地の人たちや、村田さんに喜んでもらいなさいという、私の積徳を助けて下さったのだと思えてなりません。

村田さん夫妻のこと

村田さんご夫妻には、倫理法人会朝の集いで勉強していた頃から、『ウォール・ストリート・ジャーナル（ＷＳＪ）』とか『ワシントン・ポスト』紙などの記事の中からダイジェストしたものを訳していただき、素人でも分かりやすく読むことができました。

ＷＳＪが毎週1回出しているマンション（高級住宅）の広告を見ると、日本でも今は超高層のタワーマンションが富裕層のステータスになっていますが、近い将来、庭付きの木造住宅が本当のステータス住宅として、見直される時代が来るような気がします。

村田百合子夫人は、女子美術大学で画を専攻されたプロの絵描きさんです。百合子さんは、忠夫さんのレポートに添えて、時々の風景や草花を水彩画やパステル画にして、そこに俳句をつけて送ってくれます。

村田さんご一家は、富士の見える山中湖畔に別荘をお持ちですが、冬季は12月から翌年3月まで、沖縄県の石垣島に避寒移住をします。心臓の発作を起こした時、医者から「冬は暖かいところに住みなさい」と言われて、従っているそうでした。

海外の新聞を取るには、年間の購読料が1紙70万円も掛かるそうですが、村田さんは無料でわれわれに送ってくれていました。送料だけでも受け取っていただきたかったのですが、「喜んで読んでいただけたら、それが購読費です」と、理屈にならないことを言っていました。

山梨県忍野八海に中野工務店が寄付した小さな社の建築が、「ウイークレポート村田通信」の謝礼になったと、喜びに浸っております。

前述したように、村田さんは医師から、毎年、寒中は避寒地に移住するように言われており、数年前から沖縄県の石垣島にアパートを借りて、12月から翌年3月頃まで、ご夫婦で保養していました。石垣島からも、現地住民との交流や、石垣島の草花のスケッチなどと一緒に、世界的に有名なエコノミストのレポートなども送ってもらいました。

村田さんの訃報

昨年（令和5年）10月から、村田忠夫さんは持病治療のために入院中でしたが、11月に入ると、奥様の百合子さんから私のところに電話があり、忠夫さんが退院したとの報告がありました。私は、すぐに電話をかけて様子をお聞きしましたが、百合子さんは病院の先生から、「病院ではもう何もすることがないので、自宅に帰っても結構です」と言われたとのことでした。

その後、村田さんのレポート「やまがら通信」が送られてきました。

その中に、次の訃報が載っていました。村田百合子さんのご了解をいただいたので、ご紹介させていただきます。

「やまがら」のように多くの皆様に親しまれ飛び立った人生でした。

令和5年11月15日、夫・ヨハネ村田忠夫は享年八六歳にて帰天いたしました。生前心通わせ支えて下さった皆様、深く感謝申し上げます。

２０２３年11月

マリア・アンナ　村田百合子

夫・村田忠夫は、カトリック市川教会にて11月20日、家族と教会関係の方々のみで葬儀ミサを執り行いました。

この便りをいただいてすぐに、百合子さんに電話をおかけしましたが、忠夫さんの最期のご様子を、次のように伝えてくれました。

1月15日未明、忠夫さんは深呼吸を15秒間隔でするようになりましたが、百合子さんは数分、睡魔に侵され、ハッと気が付いて忠夫さんの手を握り返した時は冷たくなっており、「安らかな寝顔で天界へと旅立ちました」とのことでした。

この話をお聞きして、村田さんの大往生と、天界でのお働きを心からお祈りいたしました。

このお手紙をもらって、初めて、村田さんご夫妻がカトリックの信仰者で、家族中で洗礼を受けていることを知りました。そして、30年以上前からの付き合いだったのに、信仰の話はお互いに話題にすることはありませんでした。

それは、倫理研究所新世会の教えが宗教の教えそのものだったので、私も村田さんも特に自分たちの信仰について、話し合うことはなかったからです。

村田忠夫昇天の図（絵：村田百合子）

画家である村田百合子さんは、カトリック信者として、村田忠夫さんの天国への帰神を信じ、私たちがお会いしても、忠夫さんとの別れを特に嘆き悲しむのではなく、普段と変わらず明るく対応してくれました。そして、忠夫さんが手を振って天界へと昇天する姿を描かれました。利他愛に生きた村田忠夫さんのエンディングロールを飾る、明るい絵を残してくれたのです。

百合子さんの描いた絵は、忠夫さんの遺影の脇に飾られていましたが、「現在、執筆中の私の著書に、村田忠夫さんのプロフィールとともに、『ヨハネ・

村田忠夫昇天の図』として載せさせて下さい」と懇願し、お許しをいただけたので、謹んで所収させていただきます。

工務店経営主義

村田百合子さんは、忠夫さんが天界へ召された後、現在も市川のご自宅にお住まいで、ときどき訪ねてこられる三男のご子息とお2人でお暮しですが、この3月には、ご近所の友人と近くの公園に咲く花の手入れなどに励んでいます。そして「やまがら通信」を「ユーリー通信」と改題して、その「第1号」が送られてきました。

その後、日を選んで村田宅にお邪魔した折に、村田忠夫さんの卓話のレジュメコピーとか、村田さんの訳書である『ヒューマン・キャピタリズム』（講談社）を貸してもらって読みました。この本の副題は、「国境を越える日本型経済　日本型資本主義こそ世界の進む道」と書かれています。

著者は、カリフォルニア州立大学へイワード校教授のロバード・S・オザキ氏、訳者は村田忠夫で、1992年に講談社から出版されました。

私は、この本の第1章にある、「人間中心に企業をつくる」を読んで、中野工務店の社是である「匠道」の思想と相通じるものがあることに気が付きました、わが社の社是にある「顧客、従業員、協力専門職人、法人の中野工務店など、人間中心の経営理念」が、社会主義でも資本主義でもない、工務店経営主義で間違いないと思います。

現在、新1万円札の発行でブームになっている、渋沢栄一が唱えていた「右手に算盤《ソロバン》、左手に論語」のスローガンは忘れ去られましたが、わが国でも代表的な重電機メーカーの縮小、旅客機開発の失敗、液晶表示板トップメーカーの撤退など、日立の英国進出などを除いて、企業の衰退が目立ちます。株主資本主義は時代遅れだということに、早く気付いてほしいと思います。

振り返ればそこに

古くからの格言に、「人生は糾《あざな》える縄のごとし」というのがあります。また「人間万事塞翁《さいおう》が馬」という格言もあります。これらの格言は、永い人間の歴史の中から生まれた人生訓ですが、宗教の教話の中にもよく出てきます。

天心聖教の教話では、「喜べば喜び事来りて、喜び同志が集まり、互いに幸福を分け合うことが実現する」と教えられています。（天心聖教柱暦）

詳しいことは不勉強ですが、仏教の観音経の一説に「多逢聖因」の4字熟語があります。私なりに解釈していることは、「私たちが、縁起の良い多くの人たちと交わっていると、知らず知らずのうちに自分の縁起も開けてくる」という意味だと考えています。

私たち人間が生きて行くことは、「神の守護と多くの人たちの助けを受けて生きて行くことだ」と、宗教の教えの中で学んできましたが、現在、晩年を送るについて、報恩感謝の足らないことに初めて気付きました。今までの朝晩の「所願成就の祈り事」が、いつの間にか「報恩感謝の祈り事」に変わりました。

人と人、物と人、自然と人、すべての関わり合いに感謝ができるようになると、感謝することが喜びに変わってきました。そのために、感謝で喜びの人生を送れる毎日となりました。毎朝起床して、寝室の雨戸を繰ると、群青色の大空と、庭木の緑が目に飛び込んできます。そして思いっきり深く深呼吸をします。

昨年の暮れに受けた人間ドックでの、「肺活量が正常値の65％に落ちた」との検査結果は気にせず、来年の検査では80％くらいに回復しているだろう、と呑気に考えています。息を吸ったり吐いたりを、自分でできることが感謝です。

「万象肯定」という、堅苦しい四字熟語を、以前に倫理法人会で学びました。出典などは不明ですが、分かりやすく説明すると、「良い事も、悪い事もすべて起こってくることを、否定しないで受け入れよ」ということですが、現代風に言えば、「物事をネガティブに考えないで、ポジティブに考えろ」ということだと思います。

猫に逃げられて

わが家では、10数年前から猫を数匹飼っています。ある時、1匹の猫を病院に連れて行こうとしてバッグに入れたところ、きちんとファスナーが閉じていなくて、逃げ出してしまいました。逃げる猫を追いかけていた時、慌てて自分の膝頭をブロック塀に嫌というほどぶつけてしまい、歩けなくなりました。

整形外科に行き、MRI検査をしたところ、左膝半月板の損傷と分かりましたが、なんの治療もせずにリハビリに廻されました。手術をして、砕けた半月板を取り出すのかと思いましたが、3カ月のリハビリ施療で、杖もつかずに歩けるようになりました。

この時に、施療師から親切に教えてもらった、足と臀部の筋肉を増強するためのストレッチを毎日、朝晩10分くらい実行していました。その結果、正座することは無理ですが、歩行することは普通に戻りました。

猫に逃げられ、膝を損傷するという災難に遭いましたが、ストレッチ運動を続けたお陰で、以前からときどき痛む腰痛が起きなくなりました。猫に逃げられ、膝をいためて整形外科に行ったために、ストレッチ運動を教わり、実践して腰痛も起きなくなったことに、逃げた猫に感謝したくなりました。

高齢者になり、病院に行く機会が多くなりましたが、医師が診察の最後に必ず言うことは「転ばないように、気を付けなさい」です。私はその度に、成人病を心配するより、歩けなくなることを心配することのほうが、年を取った身には大事なことだ、と自分に言い聞かせています。

私には、小学校の時からの親しい友人がおります。ご夫人に先立たれて1人で暮らしていますが、介護入院を希望しても、「2週間入院して歩かなかったら、車椅子生活になってしまう」と言われ、入院させてくれないそうです。健常者でも、1人ではどこにも出かけられず、話し相手もいない老後の生活を想像すると、私などは電車やタクシーに乗れて、行きたいところに行けるという、当たり前のことができることが大きな喜びです。

1980年代、いわゆるバブル経済真っ盛りの時代に、銀行から勧められて買った、市川駅から徒歩15分くらいの土地に、社長（次男）が平成20年に、長期優良住宅として建設省から補助金を交付されて、自宅を建築しました。このことは、バブル期に成功した唯一の私のプロジェクトでした。

社長のところには、現在、大学院で建築を学んでいる男の子がいますが、卒業しても中野工務店には就職はしないそうです。社長はまだ59歳なので、私はそれが良いと思っています。

また、私の長女は中野工務店の経理を担当していますが、平成22（2010）年に、私の自宅の地続きに家を建てたので、私ども老夫婦の面倒を見てくれています。ここにも社会人になった長女と、大学に通う長男がおり、わが家の電球の交換とか、パソコンの使い方などを教われるので、たいへん重宝しています。

90歳に壁なし

老人も90歳を越えると、傍から見られる目が違ってきます。私は髪の毛が薄いので、いつも外出する時は帽子を被ります。コロナ騒ぎ以来、マスクは付けたままです。それなのに、電車に乗り立っていると、若い人から席を譲られることがあります。そういう時は断らず、素直に譲ってもらいます。

家に帰って鏡をしみじみと眺めますが、襟裾から白髪が見えるだけなのに、なんで後期高齢者に見えるのかと、考えてしまいます。

先日、引き出しを整理していたら、数年前に顧客からお礼にいただいた商品券が見つかりました。デパートに行って、ジャケットでも買おうと思いましたが、「90歳の年寄りが1人でデパートに行くなどみっともない」と家内があまり強く言うので、大学3年生の孫が付き添いでついて来てくれました。ここ数年は、デパートなどで買い物などしたことがなかったので、少し迷いましたが、孫の勧めた外国ブランドのジャケットを買いました。余った商品券で孫にマフラーを買ってやりましたが、遠慮してロープライスの品を選んだので、やはりブランド物に替えさせました。

帰りがけに、「寿司でも食べて行こう」と孫に言うと、「この先に美味しい中華飯店があるので、そこに行こう」と、私を案内してくれました。孫は春巻きを注文し、私は五目焼きそばを食べました。２人とも、ノンアルコールビールで乾杯しました。

孫は母親に電話し、「春巻きをお土産に買って帰るけど、何個買えばいい？」と聞き、特製の春巻きを買って帰りました。駅までの帰り道、孫の後ろについて、老人がとぼとぼ歩く姿が滑稽に思えましたが、私にとっては最高の喜びでした。

娘家族はわが家の隣りに住んでいるので、一緒に外食することもよくありますが、孫と２人で食事したことは、初めての体験でした。このような何でもないことが、齢をとると嬉しく、喜び一杯の気持ちになります。

私は、本を読むのと、テレビの紀行番組を見るのが大好きです。若い頃は海外旅行にも、機会を見つけては仲間を募って出かけていました。ところが齢をとると、家族が出かけさせてくれません。仕方がないので、55インチの８Ｋテレビを購入しました。しかし、眼の白内障が進み、普通画面も、８Ｋ画面も変わらなくなってしまいました。長時間テレビの前に座りっぱなしだと、体が痛くなる気がします。

昔、オットマン（足台）付の、リクライニングチェアが欲しかったのですが、本革製の高級品が多くて、高価でしたのであきらめていました。それでも最近、ネット通販で手頃な価格の品が見つかったので、買うことにしました。

しかし、私は通販の買い方が分からないので、昨年、就職した孫娘に注文手続きを頼みました。組み立てを孫娘の弟に頼み、バイト代だとして5000円を上げたら、「お姉ちゃんから、あのチェアは就職祝いをもらったお返しに、おじいちゃんにプレゼントしたのだから、組立て代をもらってはいけないので返してきなさいと言われた」とのことでした。私は笑って、返しにきた5000円を、孫の胸ポケットに押し込みました。

寿命と保証期間

今から、10年ほど前になりますが、耳が遠くなり耳鼻科に行きましたら、「老人性高音域難聴症」と診断されました。早速、補聴器店に行き、補聴器を選んで購入しました。補聴器を付けるのは初めてでしたので、価格を聞いて驚いたことを思い出します。

それでも、無理してハイクラスの補聴器を求めました。補聴器は超精密機器ですので、アフターメンテナンスが必要ですが、求めた補聴器はデンマーク製で、3カ月ごとの清掃、器械のメンテナンス、調整費など、全部が初期購入代金に含まれていたので、集音器に比べて高価なことが理解できました。

補聴器の寿命は普通5年くらいだそうですが、私の買った補聴器は倍の10年持ちました。しかし、オーバーホールして部品交換などすると、14万円かかると言われて迷いました。補聴器の工場の方でも、他の部品の余命期間は保証できないと言われました。

現在の私の年齢が91・5歳ですので、常識から考えても、私の余命はあと2、3年が妥当なところです。そこでどうすべきか、天心聖教の教師に話しましたら、先生は笑って、「それは、神様が補聴器の保証期間3年間を担保してくれたということだから、あと3年間、95歳まで中野さんの寿命があるということです」と、冗談交じりで話してくれました。結局、1ランク落とした補聴器を買いましたが、義歯と違って、補聴器は調整すれば他人に上げることもできると言われ、安心しました。

以前に使っていた補聴器より安価なものに替えましたが、以前の補聴器よりよく聞こえるのが喜びのひとつです。1年365日、照る日もあれば曇る日もあります。われわれの日々の暮らしの中で、喜べない日を避けて通ることはできません。人間だれしも、宿命を持って生まれてきたのなら、自己の宿命を避けるのではなく、そんな時こそ神に縋《すが》ることができるようになれました。

病気などの災難に遭っても、悩み苦しむことなく、喜びの人生を送れることを、晩年になって初めて達観できるようになりました。人間、80歳を過ぎたら、何が起きても当たり前と言われますが、「明日は明日の風が吹く」と、今日1日を楽しく暮らすことを心がけて、晩年を送っています。

情けないことですが、もっと若い頃から報恩感謝で生きるべきであったと、悔やまないでもありませんが、過ぎ去ったことを苦にせず、不都合を喜びに変えて、思うようにならない身体をいたわりながら楽しく生きています。

若い頃、倫理研究所新世会の青年会朝の集いで、毎朝「今日一日、朗らかに安らかに、喜んで進んで働きます」と、大声で「朝の誓い」を斉唱したことを思い出し、毎朝、それを言葉にしています。そして、掃き出し戸を繰り、青空に向かって深呼吸をして、「今日も朝が来た」と感謝しています。

中野工務店の工事受注

戦前（太平洋戦争以前）の棟梁型工務店の工事受注は、いわゆる地縁・血縁と称する人間関係から生ずる、因縁（原因と結果）が主なものでした。公共工事とか、民間の大型工事とかは別にして、個人住宅は顧客も信用できる業者を知人からの紹介などで選びました。そして、請ける工務店も、信用できる顧客のみに絞って受注していました。従って、個人住宅の建築には、競争入札などは皆無でした。

請けた工務店は、信用して特命で注文してくれた施主に感謝し、満足してもらえる住宅を造ることに励みました。まさに、利他愛（他を思う心）の実践でした。

現在は、商社型の大型のビルダーが増えてきて、住宅展示場とか、テレビのコマーシャルなどが住宅販売の主流になりました。中野工務店のある市川市でも、戦後は農地を宅地転用して、マッチ箱を並べたように建築した住宅が、３階建てに建て替わるようになり、至る所で建築現場を見かけます。

しかし、どの工事現場の表示板を見ても、地域工務店の看板は絶無です。シャッター通りと化した商店街は、大手ハウスメーカーの、マンションなどのプレハブ商業建築、街中に入ると、不動産系大手ビルダーの分譲住宅建築現場が、「再開発」と称する首都圏下町の景色です。

後継者がいなくて、廃業した工務店、商社型に代わった工務店、そして残った工務店は、不動産型工務店の下請けになり、繁忙を極めています。

数年前に弊社でも、社員全員の携帯電話をスマートフォンに取り換えましたが、私の携帯電話もスマホに取り換えられました。恥を忍んで白状しますと、スマホの扱いが分からず、覚えるのが面倒になり、私はガラケイに戻してもらいました。

スマホの代わりにアイパッドを買いましたが、ユーチューブと写真以外は使いこなせず、宝の持ち腐れとなっています。従って、メールとインターネットだけはパソコンで見ています。

ある日、弊社ホームページのブログを見ていたら、次の記事が載っていました。感動しましたので、紹介させていただきます。

「中野工務店　ホームページより」

弊社の受注も、近年はインターネットの普及により、情報サイトや口コミなどから調べて工務店を選ぶというものが主流となり、弊社へもそのような中からお問い合わせいただくお客様が、殆どとなっています。

そして、先月（令和6年6月）上棟させて頂いたお施主さまも、そのおひとりだったのです。実は以前からご縁があったことが後からわかりました。と言いますのも、お施主が生まれ育ったお住まいは、今から50年前にお施主様のお父様から、中野工務店が請負い、建てさせていただいた建物でした。

初めはお施主様も、現在お住みになっている住宅が、弊社で建てた建物であるということを知らず、弊社をお選びいただいたということなのですが、弊社と工事契約をするにあたり、建物の持ち主であるお父様に報告したところ、そこで初めて弊社が建てた住宅であったことを、お施主様は知ったのだそうです。

そのことをお聞きし、設計担当者、現場担当者共々、単なる偶然とかでなく、住まい手、造り手の深いご縁を感じ、お施主が満足し喜んでいただける住宅を造るべく励んでいます。

この50年間で、時代の要望は変化してきましたが、工務店で造る住宅も、ハウスメーカーの造る住宅も、品質、性能は甲乙つけがたいレベルに向上してきました。

弊社は、創業して65年を迎えましたが、これからも末永く、時代を超え世代を超えて、皆様に喜ばれる工務店となれますよう、社員一同決意を新たに一層の努力を重ねてまいります。

今後とも、なにとぞご支援頂きますようお願い申し上げます。

（ブログより抜粋）


私は、このブログに載っている文章を見て、弊社の社員がわが社の社是の中にある、「顧客の満足する家を提供しよう。職人が満足する工賃を払おう」という考え方を、社員1人ひとりがいつの間にか身につけて働いていることを感じ、何よりも嬉しくなりました。

人間中心の企業と「匠道」

一般財団法人寺島文庫の代表理事・寺島実郎氏が、2021年10月に岩波書店から出版した『人間と宗教　あるいは日本人の心の基軸』という著書の中で、「令和という時代を生きる日本人の心の耐久力」という項があり、そこに、「心の耐久力において、宗教のもつ意味は重い。他者の苦痛への共鳴（利他愛）を培う宗教心は、実は自分自身の生き方に転換するからである」と述べられています。

「利他愛」という熟語は辞書を引くと、「自分を犠牲にして、他人に利益を与えること」と出ていますが、己れを犠牲にしなくとも、他を思う心が宗教信仰者必須の心の持ち方だと思います。

私は、かつてのバブル期の大失敗以降、利潤追求第一の経営から、利他愛第一の経営に、工務店経営の舵を大きく切りました。仏教で教えられる、菩薩行（人々を救済する行い）を事業経営の原点とする理想を、社訓にまとめたのが中野工務店「匠道」です。

私は、中野工務店の位置付けを、「地域棟梁型工務店」と分類しています。自営業である工務店は株式会社であっても、株式資本主義経済の枠組みに捉われない、顧客、社員、関連業者の人間中心の結社です。商社型ビルダーと違う、工芸家とも言われる大工、左官などを育成し、それら職人をマネージメントする人間中心の企業です。

極めて厳しい隘路を行くわけですが、この道しかない。地域に必要となる工務店は、こうして将来もその道は狭い。しかし、人間中心主義を前提とした工務店は、地域の歴史を担うことを厭わず、寄り添いながら必要とされる工務店として存在し続ける。私の持つ「工務店の成長線」には、そう出ています。もちろん楽な道ではありませんが、ポジティブにとらえるのが、こうした予想図を読むときの鉄則です。

ですから私は、最後に「工務店ほど素敵な商売はない」と言っておきたいと思います。

付録

付録1

大工育成塾、番匠塾生による明王山根本寺山門建築記録

昭和62（1987）年4月、株式会社中野工務店で、私塾大工育成塾を開塾しました。

平成2（1990）年、番匠塾3期生3名と、中野工務店会長の中野栄吉を加えた4名のクルーで、市川市国府台にある真言宗豊山派の明王山根本寺の山門を建築しました。

奈良県薬師寺金堂の再建で使用して有名になった台湾産のヒノキが輸出禁止になるとの情報が木材商から知らされました。中野工務店では3バンドル（3梱包9・75立法メートル）を購入して在庫していましたので、広葉樹の大扉材とともに根本寺の檀家として中野栄吉が寄付し、工事を中野工務店が請け負いました。

私は、小僧時代は野丁場大工の親方に師事いたしましたが、徒弟5年目くらいから、町場大工の親方につき、数寄屋造りなどを学びました。

現在はもちろん、当時でも町場大工、野丁場大工の二刀流を使える大工とか、工務店は存在しておりません。地方の棟梁は、社寺建築などを手掛ける人もおりますが、本格的な建築はできません。

中野工務店は注文住宅専門の工務店なので、宮大工はおりません。そこで、私が夜学で学んだ

時の同級生が、竹澤古典建築設計事務所として活躍しておりましたので、フリーハンドの軸組図と平面図を描いてもらい、同時に番匠塾訓練生の指導を頼みました。

竹澤さんはもともと住宅大工で、鳥取県から選ばれて、明治神宮の再建に大工として従事しながら、中央工学校建築科夜間部で机を並べて学んだ仲でしたので、快く協力してくれました。

社寺建築で一番難しい破風板の反りとか、蓑甲のむくりとかが難しかったのですが、雛形を見ながら私が原寸を起こしました。そして、彫刻師とか、銅板屋根職とか、飾り職人とか、工務店ではつながりのない専門職を世話してもらいました。

大工の見習い職人3人と、昔大工だった私の4人で、社寺建築は素人の大工でしたが、決して恥ずかしくない寺の山門を造ることができました。

観音開きの大扉も、ケンバスという南洋材で、日本の欅に似ている広葉樹の1枚板で作りましたが、この建具も建具屋には頼まず、番匠塾の大工訓練生が私の指導で立派に仕上げました。

この山門の建築を造ろうと企画したのは私でしたが、私は30数年前から当山の役員で檀家総代を務めていましたので、木材費と大工工賃一式を寄付させていただきました。

そのために驚くような廉価で建築ができ、住職始め檀家の皆さんに喜ばれました。この建築に携わった番匠塾大工も、私と竹澤設計士と並んで、棟札に名前を書かれ小屋裏に掲げられたことに大喜びでした。

私が大工になって、数軒の設計施工した住宅がありましたが、私が気に入って、現在残っているものはI、2軒あるか無しかです。社寺は会社などと違って住職の代が替わっても、社寺は永久に存続します。

在来工法の木造建築である山門は、移動および移築することも容易です。仮に戦争とか、放火にさえ遭わなければ、数百年は持つように、中野工務店オリジナルのシロアリなど害虫の駆除工法を採用しています。

屋根の葺き替えなどで棟札を見た後世の大工が、中野工務店の先進の技術に驚嘆する姿を想像して、得意になっています。中野栄吉が、大工になってその作品を後世に残せることは、言葉に尽くせない喜びです。

付録2

日本の家を造る「燻銀日本瓦の家」

東山魁夷画伯の「京洛の四季」（昭和44年作）に描かれた、京都の町並みを俯瞰した、雪の降る町家の屋根を描いた絵を、かつて展覧会で観て感動しましたが、あらためて和風住宅の文化を再認識いたしました。

また古い話を持ち出しますが、戦後の昭和時代中頃までは、どこの町に行っても紳士婦人服の洋服仕立て店がありました。しかし、現在は探さなければ見つかりません。代わって既製服店の大型店ができて、オーダーメイドの洋服店はいつの間にか無くなってしまいました。イージーオーダーと称する既製服がありますが、何と名付けようとも、仮縫いなしの既製品に違いありません。明治・大正時代の着物前掛けから作業服に代わりましたが、着物が無くなったわけではありません。伝統文化を受け継ぐ職業の茶道とか紋付袴をユニフォームとする職業が、多く存在しています。

また、芸人の舞台衣装とか、舞子さんの着物とかも、京都には産業として成立していて、反物を織る人、縫製する人が立派に技術を継承しています。家づくりの世界でも、大工の伝統技能を継承してくれる職人を育てることが、われわれ棟梁型工務店の必須の義務だと思います。

近頃は和風住宅が廃れ、工務店も大手ハウスメーカーも、部屋の壁は左官塗り壁、クロス壁、共に白色一式が多くなってしまいました。従って、意匠とか絵画とか、タペストリーとかが必要になりました。

そして自動車と並んで、ステータスとしての住宅も、戸建て住宅から高層のタワーマンションへと変わり、アッパーな仕様を施した、何億とする共同住宅が新たなステータスとなりました。昔は当たり前だった、住宅を語る上での「長屋暮らし」とか、「まだアパート暮らしです」とかいう言葉は、現在では死語になりました。昭和人間である私が、ステータスシンボルとして自分の住宅を選ぶとしたら、タワーマンションは絶対に選ばないでしょう。

私は、和風住宅が嫌われたのではない、と思います。造り手が、和風の良さを知り、ユーザーに推奨できなくなったからだと思うのです。

私の現在住んでいる住まいは、昭和25年に建てた2間×3間の小住宅を、今までに3回ほど大規模改築をして、建坪22坪の2階建て住宅に住んでいますが、屋根、庇、共に日本瓦葺きの和風住宅です。

平成7（1995）年に起きた阪神・淡路大地震で、戦後すぐに建築された、在来木造住宅の損傷が激しく、特に日本瓦葺きの滑落が大きかったことから、日本瓦は地震に弱いとの風評が広がり、それ以降和風住宅の衰退と重なって、燻し銀日本瓦を葺く住宅は、街中から消えていきました。

木造住宅の勾配屋根の仕上げ材として、銅板、鋼板（チタン）、陶器瓦、焼き締め瓦、スレートなどがありますが、価格的に言っても、和風住宅には耐火性、耐久性、保温性、美観性のどれをとっても、日本瓦に勝るものはありません。

最近の台風は、風速の強いものが多く上陸します。令和４（２０２２）年に、千葉県南房総地方に風速40メートルを超える風雨の強い台風が襲いましたが、瓦の飛ばされる被害が多く発生しました。

千葉県と災害協定を結んでいる、「ちば木造住宅建築ネットワーク」の会員である中野工務店は、千葉県からの要請を受け、千葉土建一般労働組合と提携し、南房州地区の屋根応急修理工事に携わりました。ルーフィング建材の田島応用化学さんからシングル葺き材の供給を受け、応急補修の独自の工法を開発し、千葉県主催の施工講習会を、年に数回開催しています。

震災後、日本瓦葺きの工法も大きく変わり、桟瓦一枚ごとに釘止めするようになりましたが、その影響による瓦葺き下地の野地板がボンド力を高めるために、厚さ20ミリ以上の構造用合板になりました。

邸屋一如の日本庭園の広い敷地に建てた、燻し銀日本瓦一文字葺き切妻屋根平屋の邸宅に住むのが私の若い頃の夢でしたが、それは叶いませんでした。

カーテンの代わりに障子の付いた、畳敷きの掘り炬燵《こたつ》で和食を食べる生活が、日本の家庭に復活し、住宅もニューノーマルデザインに進化する日も、あまり遠くはないでしょう。

付録3

長期優良住宅　先導モデル「番匠型住宅」

平成22（2010）年10月、国交省から「超長期住宅先導的モデル事業」について、先導的な設計提案の公募がありました。当時、弊社も会員に登録していた、JBN工務店サポートセンターからその提案にエントリーし、「先導的モデル09」に長期優良住宅（200年住宅）として登録できました。

そして、設計の基本理念として、先進的技術を駆使して工法材料を検証し、伝統的な木造住宅を進化させた現代和風住宅を、日本の家として設計し、建設しました。

戦後、家づくりの主役が大工工務店から商社型住宅メーカーとか、不動産系ビルダーにとって代わり、一般工務店の出る幕は無くなりつつあります。これらの現象はかねてから予想されていたことで、今日ある現状を見越して、心ある工務店は率先して工務店しかできない家づくりに励んできました。

弊社の、この「番匠型住宅」は昭和時代に全盛期として花開いた、東京大工が造る住宅の伝統を、現代和風木造として具現化したものです。

また「和風住宅デザイン」は、弊社の社長宅として、現役時代（２００８年）に私が設計したものです。切妻屋根、日本瓦一文字葺き、外部京壁風モルタルの外観は吉田五十八設計の猪俣邸、内部造作は前川國男自邸を参考にしました。

また、番匠型住宅の内外装意匠は型がありません。客の好みは十人十色ありますので、あくまでも施主の好みが優先します。昭和が終わり、平成、令和時代になると和風住宅の新築が消えて行きましたが、いつかまた住宅の世界にも和風文化が興隆することがあると思えてなりません。

番匠型住宅の特徴は、大きく分けて次の４点あります。

（１）在来工法の改良、番匠型住宅オリジナル
　地震、台風、水害に対して崩壊しない建物を造る

（２）外部からの延焼防止、外壁及び軒裏の防火構造
　屋根、不燃材料

（３）各室防火、天井、壁に石膏ボード

（４）他室への延焼遅延、ファイヤーストップ材

上記のうち、（１）を除いて（２）（３）（４）は、省令準耐火構造に該当します。

中野工務店「番匠型住宅」は、地震、台風、火災に対して安心できる住宅として、自信をもって推奨させていただきます。

付録4

長期優良住宅「番匠型住宅」2008
中野工務店推奨住宅

平成10（1998）年10月、（財）日本住宅・木材技術センターが建設省（現・国土交通省）の建築物性能等認定事業登録規定に基づいて、「第9次木造住宅合理化システム認定事業」を公募いたしました。

株式会社中野工務店は、番匠型住宅と名付けた、構造材表し工法の住宅を応募し、高耐久性能タイプに認定されました。

その後、平成22（2010）年10月、国土交通省から「超長期住宅先導的モデル事業」について、先導的な提案の公募がありました。先に日本住宅・木材技術センターから認定を受けていた、合理化認定高耐久性能タイプの番匠型住宅を改良し、「先導的モデル09」に長期優良住宅として登録、建築しました。

この住宅の設計理念は「先進的技術を駆使して工法材料を検証し、伝統的木造住宅を進化させ、現代の生活様式に合った高耐久の安全な家を造る」としました。

そこで「長期優良住宅先導モデル09」の提案内容に即した性能の住宅を提案し、設計しました。

現在、施行されている建築基準法を遵守すると共に、品確法の「日本住宅性能表示基準」に基づいた、災害に強い耐久性のある住宅の建設を目指しています。

毎日のように、火災の情報がメディアによって伝えられます。そして決まったように、住人の老人が逃げ遅れとの報道に接するたびに、家づくりの一員として考えさせられます。

住宅の新築数と、既存住宅の安全（耐震、耐火）改修を含めた数値が、本当のわが国の使用可能な住宅ストックとしてカウントすべきだと思います。

品確法と省令耐火住宅

品確法（住宅の品質確保の促進等に関する法律）が平成12（2000）年4月に施行され、新築住宅については、柱や壁など住宅の構造耐力上主要な部分や、屋根など雨水の浸入を防止する部分について、10年間の瑕疵担保責任が義務付けられました。

また、これに合わせて、（財）日本住宅・木材技術センターから、木造住宅のための構造の安定に関する基準解説書なども発行され、木造住宅の仕様基準が大幅に改定されました。これらの改革で、木造住宅の安全性が格段に進歩しました。

平成27（2015）年、国土交通省から省令準耐火構造の住宅仕様が告知されましたが、JB

N全国工務店協会では「省令準耐火構造の住宅JBN仕様」を制定し、協会員の使用ができるようになりました。JBN省令準耐火構造住宅仕様は、次の3点が大きな目標です。

1. 外部からの延焼防止（隣家などから火をもらわない）
2. 各室防火（火災が発生しても一定時間部屋から火を出さない）
3. 他室への延焼遅延（万が一部屋から火が出ても延焼を遅らせる）

あとがき

昭和34（1959）年6月に創立した株式会社中野工務店は、令和6（2024）年に65周年を迎えることができました。現在は3代目の中野光郎社長と、執行役員3名を中心とした社員のファミリー企業として、住宅を中心とした棟梁型工務店として日々、励んでいます。

戦後、工務店の変遷にともない、弊社も紆余曲折の営業を余儀なくされました。ローカルゼネコン並みに、住宅建築分野以外にも手を出し、公共工事とか、ガソリンスタンドの建設なども、数カ所建設してきました。

昭和から平成にかけての、いわゆるバブル狂乱経済に踊らされ、弊社の経営も大きな危機に直面しました。「ピンチはチャンス」という言葉がありますが、私もそれまでの考え方の誤りに気付きました。そして工務店には、工務店ならではの経営があることに気付き、中野工務店の「社是五訓」を制定し、実践に励んでいます。

これから生き残る工務店は、弱肉強食の資本主義経営ではなく、共存共栄の、造り手、住まい手と材の供給者が共に喜べる、「中野工務店匠道」の実践こそが、大工、工務店持続の方途だと確信しています。それが工務店経営を65年間継続してきて、私なりにつかんだ中野工務店の「社是五訓」なのです。

また創立以来、中野栄吉、並びに中野工務店がお世話になった多くの方々のご厚情に深く感謝し、施主にとって満足できる住宅を建築できる工務店として、これからも持続発展できることを切に願っています。

この本の出版にあたり、芝浦工業大学名誉教授の藤澤好一氏、株式会社オプコード研究所所長の野辺公一氏、株式会社円窓社社長の茂木敏博氏に、たいへんお世話になりました。深く感謝とお礼を申し上げます。

２０２５年1月吉日

中野栄吉

中野栄吉（なかの・えいきち）

1932（昭和７）年、千葉県東葛飾郡市川町（現・市川市市川町）にて三男として出生。13歳のときから大工見習として働き始める。25歳で２級建築士に合格。1959（昭和34）年に株式会社中野工務店を市川市に設立。わが国初期のプレハブ住宅施工店となる。

1965（昭和40）年に１級建築士を取得。

人材育成の重要性にもいち早く認知し、1987（昭和62）年に社内での職人育成をする「番匠塾」を設立。ほぼ10年後の1996（平成８）年には、私塾から発展させ、青木工務店、大野建設、大和工務店、榊住建との５社で運営する広域認定職業訓練校「番匠塾」を設立し、芝浦工業大学にて授業を開始した。1999（平成11）年には住環境価値向上事業協同組合（ＳＡＲＥＸ）を設立し、業界の連携や後進の育成に寄与。

2004（平成16）年、中央工学校同窓会会長（～2010年）、同理事（2010～2016年）を歴任。2011（平成23）年、国土交通省瑞宝単光章を受賞。現在は株式会社中野工務店相談役として講演や執筆活動に専念している。

著書に『自省先照』（オプコード研究所）『地元で評判の元気な工務店』（グエル）他がある。

企画・編集……野辺公一

工務店ほど素敵な商売はない
奇蹟が重なる65年

発行日……2025年３月15日　初版第１刷発行

著　者……中野 栄吉
発行者……茂木 敏博
発行所……株式会社 円窓社
189-0011　東京都東村山市恩多町 3-39-13-101
Tel……042-306-3771　Fax……042-306-3772
http://ensosha.com/

イラスト……鴨井 猛
装　幀……吉永 静
印　刷……モリモト印刷 株式会社

ISBN978-4-910822-06-8